Gramática Viva

Português língua estrangeira

Níveis A1/A2

JEDIEL GONÇALVES

© 2018, Jediel Gonçalves
Éditeur : BoD – Books on Demand,
12 / 14 rond-point des Champs Élysées, 75008 Paris
Impression : Bod – Books on Demand, Allemagne

ISBN : 9782322165490
Dépôt legal : novembre 2018

OLÁ! MUITO PRAZER!
1. Ordene as frases abaixo e encene a situação.

- O prazer é meu, Gustavo.
- Olá, como se chama?
- Ela é a Cíntia, minha secretária.
- Me chamo Roberto. E você?
- Muito prazer, Cíntia.
- E ela? Quem é?
- É de Porto Alegre.
- Sou o Gustavo.
- Até logo!

2. Observe as ilustrações e complete as frases.

— Qual .... o seu nome?
— Me chamo Roberto.
— Muito prazer, Roberto!

— Este .... o Gilberto. Ele .... o novo diretor aqui na empresa.
— Muito prazer!

— Quem .... essas pessoas?
— .... meus colegas de trabalho.

— De onde você ....?
— .... da Argentina.

3. **Observe as fotos. Em seguida, componha diálogos utilizando as informações dos quadros.**

Perguntas

- Oi. / Olá. Eu sou o / a...
- Tudo bom? / Como vai?
- Desculpe, qual é o seu nome?
- Qual é o seu apelido?
- Como se chama ?
- Você é (+ nacionalidade)?
- Qual é a sua nacionalidade?
- Você é de onde? / De onde você é?
- Onde você mora?
- Em que país você mora?
- Como se chama a sua cidade?
- Você é... (+ profissão)?

Respostas para interagir

- Bom dia / Boa tarde / Boa noite
- Prazer. / Muito prazer.
- Me chamo... / Chamo-me...
- Sou, sim. E você?
- Eu também.
- Sou de...   Sou do... / da...
- Moro em...   Moro no... / na...
- Obrigado.   Obrigada.
- Tchau.
- Até logo. / Até mais.
- Muito prazer. / Gostei de conhecê-lo/la.
- Tenha um bom final de semana.

Nome: Luís
Apelido: Lulu
Nacionalidade: brasileira
País: Brasil
Cidade: São Paulo

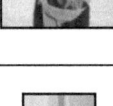
Nome: Renata
Apelido: Rê
Nacionalidade: portuguesa
País: Portugal
Cidade: Évora

Nome: André
Apelido: Dedé
Nacionalidade: colombiana
País: Colômbia
Cidade: Medellín

Nome: Paula
Apelido: Paulinha
Nacionalidade: moçambicana
País: Moçambique
Cidade: Maputo

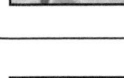
Nome: Ana
Apelido: Aninha
Nacionalidade: italiana
País: Itália
Cidade: Roma

Nome: Pedro
Apelido: Pedrinho
Nacionalidade: espanhola
País: Espanha
Cidade: Valência

4. Numa folha separada, escreva o diálogo entre Luís e Paula.

5. Complete as perguntas e as respostas com *sou*, *és*, *é*...

1. Olá! Quem .... tu?
2. De onde tu ....?
3. De onde .... teus pais?
4. .... dentista?
5. Que horas .... ?
6. Que dia .... hoje?
7. O teu amigo .... de onde?
8. A tua irmã .... estudante?
9. A que horas .... a tua aula de português?
10. De quem .... estes livros?
11. Teus amigos .... estrangeiros?
12. A cadeira .... de madeira?
13. Esse carro .... teu?

1. Olá! .... o Renato.
2. .... de Portugal.
3. .... da ilha da Madeira.
4. Não, ... médico.
5. .... três horas.
6. .... quarta-feira.
7. .... dos Açores.
8. Sim, ... estudante de enfermagem.
9. .... às cinco da tarde.
10. .... meus.
11. Sim, ... franceses.
12. Não, ... de plástico.
13. .... dos meus amigos.

6. Escreva frases com sou, és, é, somos, são, nas formas afirmativa, negativa ou interrogativa.

1. Daniel e Miguel / argentinos.
2. Você / muito simpático.
3. A mesa e a cadeira / de vidro.
4. Meu irmão e eu / não / morenos.
5. Vocês / muito alegres.
6. A blusa / não / de lã.
7. O sapato / marrom.
8. Vocês / bastante altos.
9. Seus pais / portugueses?
10. Quem / eles?
11. Tu / o amigo do Rui?
12. De onde / (tu) ?
13. Quem / teus professores?
14. Nós / brasileiros.

1. _____
2. _____
3. _____
4. _____
5. _____
6. _____
7. _____
8. _____
9. _____
10. _____
11. _____
12. _____
13. _____
14. _____

7. Escreva M (masculino) ou F (feminino) para cada profissão. Depois, faça como no exemplo ligando as palavras com as imagens e completando as palavras abaixo com o ou a.

1. [M] ..o.. construtor
2. [ ] .... estudante
3. [ ] .... cozinheiro
4. [ ] .... executivo
5. [ ] .... garçom
6. [ ] .... médica
7. [ ] .... comissário
8. [ ] .... florista
9. [ ] .... recepcionista

8. Escreva o feminino dos seguintes substantivos masculinos.

1. O senhor
2. O chefe
3. O marido
4. O pintor
5. O médico
6. O estudante
7. O juiz
8. O ator
9. O jornalista
10. O menino
11. O policial
12. O dentista
13. O filho
14. O alemão
15. O gerente
16. O veterinário
17. O guarda
18. O advogado
19. O namorado
20. O garçom

9. Escreva o nome de cada ilustração com o ou a, como no exemplo. Consulte o dicionário em caso de dúvida.

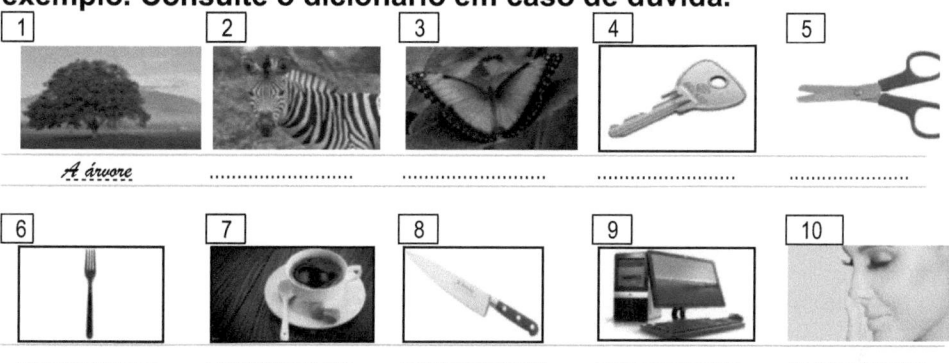

1. A árvore
2. ....
3. ....
4. ....
5. ....
6. ....
7. ....
8. ....
9. ....
10. ....

QUAL É O SEU NÚMERO DE TELEFONE?

1. Leia os seguintes números de telefone.

a. (11) 99851-7823
b. (51) 2660-6371
c. (21) 3652-2100
d. (31) 98475-9031
e. (11) 99966-3468
f. (61) 99966-3468
g. (71) 2689-2873
h. (38) 3898-7285

2. Escreva os seguintes números por extenso.

1. 21 euros — vinte e um
2. 10 de janeiro
3. 31 dias
4. 49 quilos
5. 15 de dezembro
6. 88 centímetros
7. 31 aulas
8. 28 de fevereiro
9. 25 anos
10. 61 semanas
11. 7 de setembro
12. 45 quilômetros
13. 34 metros
14. 53 anos
15. 92 quilos
16. 21 alunas
17. 5 de agosto
18. 11 alunos
19. 76 anos
20. 2 professoras

3. Encene os diálogos a seguir.

Maria:	Qual é o seu número de telefone?	José:	(71) 98100-4758
Maria:	Qual é o seu número de RG?	José:	? ? ?
Maria:	Qual é o seu número de CPF?	José:	? ? ?

José	**Marina**	**Regina**
Tel.: (71) 98100-4758	Tel.: (65) 3544-7160	Tel.: (86) 3952-5936
RG: 40.703.776-7	RG: 24.771.207-3	RG: 41.788.799-1
CPF: 455.278.843-45	CPF: 013.009.503-66	CPF: 827.109.363-05

4. Escreva em seu caderno os diálogos do exercício anterior.

....
....
....
....

QUAL É A SUA DATA DE NASCIMENTO?

1. Dê a data correta de acordo com o modelo.

Pergunta		Resposta
1. Qual é a sua data de nascimento?	8/1/81	É 8 de janeiro de 1981.
2. Qual é a data de nascimento do seu pai?	23/4/48	....
3. Qual é a data de nascimento da sua irmã mais velha?	6/10/65	....
4. Que dia é hoje?	2ª-f	É segunda-feira.
5. Que dia é hoje?	5ª-f	....
6. Que dia é hoje?	Sx.	....
7. Que dia é hoje?	Dom.	....

DE ONDE É?

1. De onde são essas coisas e esses lugares?

Sushi
• prato tradicional do Japão
- *De onde é o Sushi?*
- *O Sushi é do Japão. É um prato tradicional japonês.*

a) 
Cuscuz
• prato típico de Marrocos
....?
....

b) 
Mate
• bebida tradicional da Argentina
....?
....

c) 
Matriosca
• boneca típica da Rússia
....?
....

d) 
Feijoada
• prato típico do Brasil
....?
....

e) 
Sirtaki
• dança popular da Grécia
....?
....

f)
Sári
• traje nacional feminino da Índia
....?
....

g)
Camembert
• queijo tradicional da França
....?
....

h)
Berimbau
• instrumento musical em Angola e no Brasil
....?
....

i)
Taj Mahal
• monumento muito popular na Índia
....?
....

j)
Grande Muralha
• fortificação muito antiga na China
....?
....

2. Relacione as capitais com os países.

(a). Cabul
(b). Pequim
(c). Nova Déli
(d). Washington
(e). Teerã
(f). Lisboa
(g). Sucre
(h). Budapeste
(i). Amsterdam

(   ). Índia
(   ). Países Baixos
(   ). Hungria
(   ). China
(   ). Portugal
(   ). Afeganistão
(   ). Estados Unidos
(   ). Irã
(g). Bolívia

14

Agora faça perguntas como no exemplo.

Aluno 1: Onde fica Sucre?
Aluno 2: Sucre fica na Bolívia.

Onde fica Sucre?

Sucre fica na Bolívia.

3. Prepare diálogos conforme o modelo. Depois, encene.

Lima / Peru
- De onde você é?
- Sou de Lima.
- Onde fica Lima?
- Fica no Peru.

a) Tel-Aviv / Israel
-
-
-
-

b) Rio de Janeiro / Brasil
-
-
-
-

c) Vila Nova de Gaia / Portugal
-
-
-
-

d) Michigan / Estados Unidos
-
-
-
-

e) Caracas / Venezuela
-
-
-
-

f) Havana / Cuba
-
-
-
-

g) Cairo / Egito
-
-
-
-

4. Escreva frases de acordo com o modelo:

a. Mathilde | francesa | Lyon.
b. Lorenzo | espanh.......... | Valência.
c. Magda | alem........... | Berlim.
d. Dylan | canad............... | Montreal.
e. Pedro | brasil............. | Rio.
f. Omaina | egíp........... | Cairo.

Mathilde é francesa. É de Lyon.

5. Transforme as fichas em textos de apresentações. Veja o modelo.

Nome: Paola Fiorentini **Nacionalidade:** italiana **Estado civil:** casada **Cidade de origem:** Cagliari **Residência:** Milão	Ela se chama Paola Fiorentini. É italiana. É casada. É de Cagliari, mas, atualmente, mora em Milão.
Nome: Asako Nakamura **Nacionalidade:** japonesa **Estado civil:** solteira **Cidade de origem:** Tóquio **Residência:** Londres	
Nome: Chung Li Wei **Nacionalidade:** chinesa **Estado civil:** viúvo **Cidade de origem:** Tianjin **Residência:** Xi'an	
Nome: Mário Gonçalves **Nacionalidade:** portuguesa **Estado civil:** solteiro **Cidade de origem:** Porto **Residência:** Coimbra	
Seu nome: ... **Sua nacionalidade:** ... **Seu estado civil:** ... **Sua cidade de origem:** ... **Seu local de residência:** ...	Eu...

6. Complete o diálogo com as palavras a seguir.

chama é em mora em chamo mora vai Sou moro do

Diego: Olá! Me _____ Diego.
Eliane: Oi! Como _____?
Diego: Como você se _____?
Eliane: Eliane.
Diego: De onde você _____, Eliane?
Eliane: Sou _____ Brasil.
         E você _____ _____ Portugal?
Diego: Sim. _____ de Coimbra.
Eliane: E você _____ onde?
         Mora _____ Coimbra?
Diego: Não, _____ em Lisboa.

> **Morar + prep. "em" (lugar)**
> Moro <u>no</u> Brasil.
> Você mora <u>em</u> São Paulo?
>
> **Ser + prep. "de" (origem)**
> Sou <u>do</u> Brasil.
> Você é <u>de</u> São Paulo?

7. Complete o diálogo com as palavras a seguir.

professora argentina claro! vai também minha bem em

Eliane: Diego, esta é a _____ amiga Carla.
Diego: Oi, Carla! Como _____?
Carla: Oi, Diego.
Diego: Você _____ é brasileira?
Carla: Não, não sou. Sou _____.
Diego: Puxa! Você fala muitíssimo _____ português!
Carla: Na verdade, sou _____ de português _____ Buenos Aires.
Diego: Ah, sim! _____

8. Agora crie um diálogo utilizando estas palavras.

moro — muito bem — professora — italiana — fala — onde — Curitiba — francês

....
....
....
....
....
....
....

9. Simule um diálogo trocando as informações dos quadros abaixo.

Nome?
Nacionalidade?
É de Manaus.
Mora em Salvador.

Moram em ???
São de Málaga.
Nacionalidade?
Paula e Érica

Nomes?
São portugueses.
Cidade?
Moram em Évora.

Mora em Oslo.
Cidade?
É alemã.
Nome?

Hannah.
Nacionalidade?
É de Berlim.
Mora em ???

Moram em ???
São de Sintra.
Nacionalidade?
Marcos e Adriana

Nomes?
Espanholas.
Cidade?
Moram em Paris.

Mora em ???
Cidade?
É brasileiro.
Edson.

10. Complete a lista abaixo.

SINGULAR		PLURAL	
MASCULINO	FEMININO	MASCULINO	FEMININO
Brasileiro		belga	
Alemão		canadense	
Boliviano		angolano	
Húngaro		israelense	
Japonês		austríaco	
Chileno		croata	
Escocês		espanhol	
Finlandês		coreano	
Grego		suíço	
Sueco		chinês	
Português		senegalês	

11. Adjetivos pátrios dos estados e das capitais no Brasil. Complete a lista abaixo.

SINGULAR			PLURAL	
MASCULINO	FEMININO		MASCULINO	FEMININO
alagoano			fluminense	
baiano			capixaba	
cearense			paraense	
pernambucano			paulista	
catarinense ou barriga-verde			potiguar	
			curitibano	
macapaense			recifense	
gaúcho			mato-grossense	
carioca			goianense	
paulistano			maceioense	
aracajuano			soteropolitano	

12. Complete as frases com os adjetivos femininos.
a. Somos peruanos.   *Somos peruanas.*
b. Eles são brasileiros.
c. Vocês são espanhóis?
d. Ele não é italiano. É português.
e. És russo?
f. Sou francês.
g. Somos japoneses.

13. Complete as frases com um substantivo e um adjetivo.

atriz — capital — moeda — cidade – marca escritor — moeda — capital — prato — cidade	canadense — português — americano japonês — marroquino — português vietnamita — francês — chinês — japonês

1. O iene é a *moeda japonesa.*
2. O dirham é a
3. Florbela Espanca é uma
4. Bordéus é uma
5. Meryl Streep é uma
6. Hanoi é a
7. Montreal e Edmonton são
8. Lisboa é a
9. O Zong Zi é um
10. Toyota é uma

14. Complete utilizando as contrações do, da, dos, das.

o escritório / o chefe — *o escritório do chefe*

a. o número / a conta bancária
b. o dicionário / o professor
c. o livro / a biblioteca
d. os nomes / os alunos
e. a mesa / a secretária
f. as janelas / as casas
g. os documentos / os arquivos
h. o tema / as conferências
i. o salário / os empregados
j. a escola / as crianças
k. o avião / a companhia aérea
l. a cultura / os países
m. as cores / as bandeiras
n. as fotografias / o álbum
o. o final / a estória

15. Siga o exemplo.

O final / o filme / muito interessante. — *O final do filme é muito interessante.*

a. A secretária / o presidente / competente.
b. Os diretores / a empresa / brasileiros.
c. O trabalho / o engenheiro / complicado.
d. Os computadores / escritório / novos.
e. O salário / secretárias / bom.
f. O quadro / pintor / moderno.
g. Os preços / produtos / altos.
h. O relógio / a sala / antigo.
i. A alegria / os brasileiros / grande.
j. A escola / as crianças / pequena.
k. As férias / os alunos / longas.
l. A voz / a cantora / maravilhosa.
m. As portas / os escritórios / de vidro.
n. A mesa / a sala / de madeira.
o. O celular / o Osvaldo / caro.

VOCÊ FALA PORTUGUÊS?

1. Apresente essas pessoas utilizando as informações dos quadros.

Raul
- **País**: México
- **Idiomas**: espanhol e português
- **Residência**: Madri, Espanha
- **Atualmente**: Roma, Itália

O Raul é do México.
Fala espanhol e português.
Mora em Madri, na Espanha.
Atualmente, está em Roma, na Itália.

April
- **País**: Estados Unidos
- **Idiomas**: inglês e alemão
- **Residência**: Vancouver, Canadá
- **Atualmente**: Berlim, Alemanha

a) _____

Analyn
- **País**: Filipinas
- **Idiomas**: filipino e inglês
- **Residência**: Paris, França
- **Atualmente**: Rio de Janeiro, Brasil

b) _____

Sonja
- **País**: Hungria
- **Idiomas**: húngaro e russo
- **Residência**: Berne, Suíça
- **Atualmente**: Porto, Portugal

c) _____

Andrzej
- **País**: *Polônia*
- **Idiomas**: *polonês e francês*
- **Residência**: *Bruxelas, Bélgica*
- **Atualmente**: *Moscou, Rússia*

d) _____

2. Fale sobre a Ana preenchendo livremente os dados a seguir.

Ana
- **País**: ....
- **Idiomas**: ....
- **Residência**: ....
- **Atualmente**: ....

3. Marque as opções no quadro e pergunte/responda ao colega.

Exemplos
- Você é inglesa?
  ○ Não, não sou.
- Você é espanhola?
  ○ Sim, sou.

- Você fala português?
  ○ Não, não falo.
- Você fala russo?
  ○ Sim, falo.

	inglês / inglesa	francês / francesa	espanhol / espanhola	alemão / alemã	português / portuguesa	italiano / italiana	japonês / japonesa	belga
Você é...?			✓					

	inglês	francês	espanhol	alemão	português	italiano	japonês	russo
Você fala...?								✓

4. Diga e escreva frases sobre o conhecimento das línguas de acordo com as informações do quadro.

3 = muito bem   2 = bem   1 = um pouco   0 = não

	inglês	francês	espanhol	alemão	português	italiano	japonês	russo
André	3		0					
Ana e Gustavo		2					1	1
Otávio			1		1	3		
Roberto e eu		0		1			2	2
Fátima e você	1	2			1	2		
Eu	3	3	1				0	1

O André fala inglês muito bem, mas não fala espanhol.

ONDE VOCÊ ESTÁ?

1. Escreva frases dizendo onde estão essas pessoas.

Renato / no teatro
- Onde está o Renato?
- Está no teatro.

 a) Jorge / na escola

 f) Os alunos / no museu

 b) Você / no cinema

 g) Nós / na estação de trem

 c) Cláudia / na biblioteca

 h) Os jovens / na rodoviária

 d) Tu / no carro

 i) Dora / na aula de balé

 e) Eva / no supermercado

 j) Ana / no escritório

USOS DO VERBO ESTAR

1. Utilize as palavras abaixo para completar as descrições a seguir.

cansado	animada	doente	sem dinheiro	com frio
com medo	deitado	feliz / contente	com calor	difícil
pensativa	com sono	com fome	preocupada	sem paciência
ocupados	zangada / irritada	com sede	com dor	sem tempo

a) Minha amiga Marina .... muito .... porque vai ter bebê.

h) Professor, o teste de matemática .... muito ....!

b) Depois da musculação, o meu irmão Henrique .... sempre ....

i) A festa na casa do Cristiano .... super ....

c) Quero comer um pedaço de pizza, pois .... muita ....

j) Adriana .... muito .... com o marido dela.

d) – O que você tem?
– .... há uma semana.

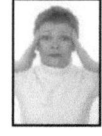
k) – O que você tem?
– .... de cabeça

e) Mariza não é uma pessoa calma. Ela sempre ....!

l) Por que sua irmã .... tão ...., hoje?

f) Hoje faz 42°C à sombra! O pai do Pedrinho ....

m) – Onde está o Zé?
– O Zé .... na cama.

g) – Renato, você ....?
– Estou.

n) – Você ....?
– Estou. E você?

 o) Ela .... muito .... com o seu trabalho.

 r) Ricardo quer um carro novo, mas ....

 p) – Regina, você ....? – Estou.

 s) Trabalho muito e .... para sair com os amigos.

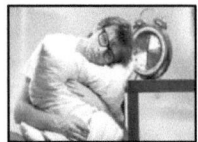 q) O meu namorado trabalhou o dia todo, hoje. Agora .... muito ....

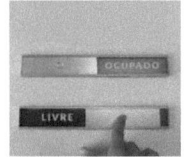 t) – O banheiro .... livre ou ....? – Não sei.

2. Faça frases completas empregando o verbo "estar".

1. O médico / no hospital
   O médico está no hospital.

2. Todos / muito felizes por você.

3. (eu) / cansado, mas eles / com sono.

4. Lá fora / muito frio.

5. Os funcionários / sem salário há 2 meses!

6. (eu) / sem paciência.

7. O Paulo / deitado porque / doente, hoje.

8. O almoço / pronto.

9. O cão não / com fome.

10. Os documentos não / no escritório.

11. O formulário / em cima da mesa.

12. O carro / sem gasolina.

26

3. Observe o quadro a seguir.

	formal
Singular	o senhor está a senhora está
Plural	os senhores estão as senhoras estão

	Informal
Singular	você está
Plural	vocês estão

Agora, complete.

1. *A senhora está* sozinha, dona Ana?
2. .... na rodoviária, Júlio?
3. Onde ...., pai?
4. .... cansada, Magda?
5. .... ocupadas, Dona Clarice e Dona Raquel?
6. Onde ...., querida?
7. .... prontos, meninos?
8. .... contente, seu Alfredo?
9. .... estudando, Érica e Renato?
10. .... em casa, seu Fernando e seu Roberto?

4. Complete com *estar* e responda às perguntas.

Exemplo:
      - O professor *está* aqui? (na sala do diretor)
          | - *Está, sim.*
          | Ou
          | - *Não, não está. O professor está na sala do diretor.*

1. – A farmácia .... no centro novo? *(no centro antigo)*
   – Não, não .... A farmácia ....

2. – Seu celular .... ligado? *(desligado)*
   – Não, ... Meu ....

3. – O forno .... ligado?
   – .... , sim.

4. – E o microondas também .... ligado? *(desligado)*
   – Não, o microondas ....

5. – O Pão-de-Açúcar .... na Bahia? *(Rio de Janeiro)*
   – ...., não .... O Pão-de-Açúcar .... no ....

– E o Pelourinho também .... no Rio de Janeiro?
– Não, não .... O Pelourinho .... na cidade de Salvador, na Bahia.

6. – Os ônibus .... parados na rodoviária? *(estacionados na garagem)*
– Não, não .... Eles ....

7. – Os lápis .... na escola?
– Sim, ...
– Os cadernos e os livros também .... na escola? *(em casa)*
– Não, ... Estão ....

8. – O metrô e os trens .... lotados, hoje? *(vazios)*
– ...., ...

9. – O dicionário de português .... na sua bolsa?
– Deixe-me ver... Não, ...

10. – Os computadores novos .... na sala do diretor?
– ...., não .... no escritório da secretária.

11. – O seu passaporte .... na mala? *(na bolsa de mão)*
– Não, não .... O meu passaporte ....
– O seu cartão de embarque também .... na bolsa de mão?
– Sim, ...

12. – As suas bagagens .... prontas?
– Sim, ... E as suas? *(ainda não estão)*
– As minhas .... prontas.

13. – Este lugar .... ocupado?
– Não, não ....

14. – O nosso hotel .... nessa rua?
– Não, não .... O hotel .... naquela rua.

15. – O cartão de crédito .... aí na sua carteira?
– Sim, ...
– E os talões de cheques também .... aí dentro?
– Não, eles .... na minha mochila.

16. – A máquina fotográfica .... na gaveta?
– Não, não ....
– As chaves .... no armário?
Também não .... A máquina fotográfica e as chaves .... na sua mala.

5. Complete com as expressões idiomáticas do quadro.

1. – Carlos e Meire estão sem dinheiro. Eles ....
....
2. – O pai do Wagner está muito doente no hospital. O pobre homem ....
....
3. – O meu marido está desconfiado de alguma coisa. Ele ....
....
4. – Ele sempre está muito distraído! Está sempre ....
....
5. – Agora, estou em condição favorável para pedir um aumento ao meu chefe. Agora ....
....
6. – Tenho um problema muito complicado para resolver. ....
....
7. – Não suporto mais o meu chefe. ....
8. – Você comprendeu o que eu disse?
   – Sim, ...
9. – A oferta ainda ....?
10. – .... entre fazer francês ou espanhol.
11. – Já faz dois dias que o meu namorado não me liga. Eu acho que ele .... me ....
12. – Meu namorado não quer que eu fale com ninguém. Ele .... de mim.

EXPRESSÕES	DEFINIÇÕES
• estar duro.	• sem dinheiro.
• estar com o pé na cova.	• estar quase morto ou muito próximo da morte.
• estar cansado de (alguém ou coisa).	• não suportar mais algo.
• estar com dúvidas.	• hesitar entre uma coisa ou outra.
• estar claro.	• estar evidente, bem esclarecido.
• estar em pé.	• estar disponível.
• estar com a faca e o queijo na mão.	• estar em condição favorável para resolver algo.
• estar enrolando (alguém).	• deixar alguém esperando...
• estar com a pulga atrás da orelha.	• estar desconfiado.
• estar com ciúmes de (alguém).	• ter receio de perder o namorado ou a namorada.
• estar com uma pedra no sapato.	• ter um problema complicado para resolver.
• estar com a cabeça nas nuvens.	• estar distraído.

6. Complete com o verbo estar o cartão postal abaixo.

Querida Samara,

_____ de férias em Curitiba. O tempo aqui _____ ótimo!

Este ano, as exposições de arte _____ impressionantes. O parque do Papa _____ florido e a Feira Internacional do livro também _____ bem diversificada. Agora mesmo _____ visitando a Ópera de Arame que _____ toda iluminada!

Um beijo grande. Nos vemos na semana que vem em São Paulo.

                              Elizabete

Samara Ramos Ribeiro da Costa Azevedo
Avenida Brigadeiro Luiz Antônio, 318,
apto. 24, Bloco C
Jardim Paulista, São Paulo, SP
02040-120

7. Leia o diálogo a seguir.

Carolina: – Alô? Daniela? Tudo bem? É a Carol!

Daniela: – Oi, Carol! Tudo bem? Que surpresa!

Carolina: – Dani, estou em São Paulo por alguns dias. Estou com minhas duas filhas. Estamos no Hotel Bela Vista, ao lado do Cinema Star Mania da Avenida Paulista. Você está livre hoje?

Daniela: – Hoje?! Hmmm... deixe-me ver... Que pena, estou ocupada o dia todo. Além disso, estou no Rio a trabalho. Vocês estão em *Sampa** *por quanto tempo**?

Carolina: – Estamos aqui até a próxima sexta. As meninas estão de férias e a escola delas está fechada para reforma.

* Sampa = apelido dado pelos paulistas à cidade de São Paulo

* por quanto tempo? = durante quanto tempo?

Responda:
1. Carolina e suas filhas estão no Rio de Janeiro?
2. Hoje, Daniela está livre ou ocupada?
3. Carolina e as duas filhas estão hospedadas na casa de amigos?
4. Daniela está em São Paulo, hoje?
5. As filhas de Carolina estão na escola ou de férias?

COMO SE DIZ ... EM PORTUGUÊS?

1. Observe os objetos a seguir e faça perguntas ao seu colega.

Como se diz "............" em português?

O que é isso?

Isto / Isso / Aquilo é um(a)...?

Como se escreve...?

Agora, escreva as perguntas e as respostas aqui.

PERGUNTAS   RESPOSTAS
1.   1.
2.   2.
3.   3.
4.   4.
5.   5.
6.   6.
7.   7.
8.   8.
9.   9.

O RESTAURANTE, A MESA E OS CLIENTES

1. Escreva M (masculino) ou F (feminino) diante das palavras. Em seguida, complete com os artigos definidos *o* ou *a*.

F _a_ agenda	...... endereço	...... banco	...... cor
...... cama	...... estudante	...... manhã	...... mapa
...... bola	...... relógio	...... fruta	...... moto
...... carro	...... garagem	...... foto	...... creme
...... cigarro	...... imagem	...... roupa	...... mel
...... Coca-Cola	...... árvore	...... problema	...... primavera
...... leite	...... pijama	...... colher	...... massagem
...... mar	...... camiseta	...... garfo	...... planeta
...... idade	...... telefone	...... dúvida	...... nariz
...... mensagem	...... método	...... passagem	...... presidente
...... omelete	...... dia	...... palavra	...... idioma
...... tomate	...... mão	...... uniforme	...... sapatos
...... sobremesa	...... viagem	...... sorvete	...... vídeo

2. Complete o texto a seguir com *o, a, os* ou *as*.

Em casa, tudo está sempre bem arrumado: .... roupas estão no guarda-roupa, ... computador está no escritório, ... talheres estão na gaveta, ... pratos estão no armário, ... comida está na geladeira, ... livros e .... CDs estão na estante e .... guarda-chuva está na entrada.

3. Classifique os seguintes substantivos na tabela.

atenção	cama	casa	cinema	cidade	caderno	aniversário		dia
expressão		foto	habitação		hotel	idioma	abajur	lápis	leite
livro	luz		mão	minuto	museu		noite	página	planeta
problema		rádio	teatro	telefone	universidade		copo	janela	sábado

O...

A...

4. Leia o nome dos principais jornais brasileiros. Complete e relacione.

1.- _O_ Globo
2.- .... Fluminense
3.- .... Folha de São Paulo
4.- .... Notícia
5.- .... Tribuna
6.- .... Tarde
7.- .... Povo
8.- .... Tempo
9.- .... Gazeta do Povo
10.- .... Liberal
Fonte: http://ensamble19.com.ar/tapasbrasil.php

( ). São Paulo.
( ). Belo Horizonte.
(_1_). Rio de Janeiro.
( ). Fortaleza.
( ). Belém.
( ). Niterói.
( ). Salvador.
( ). Santos.
( ). Joinville.
( ). Curitiba.

5. Dê o plural para os seguintes substantivos.

1. – a mulher:
2. – o bar:
3. – o ônibus:
4. – a atriz:
5. – a direção:
6. – o jornal:
7. – o papel:
8. – o hotel:

9. – a televisão:
10. – o diretor:
11. – o irmão:
12. – o computador:
13. – o primeiro:
14. – a canção:
15. – o cão:
16. – o mar:

17. – o rapaz:
18. – o país:
19. – o pai:
20. – o português:
21. – o lápis:
22. – o atlas:
23. – o aluguel:
24. – o ovo:

6. Descreva a cena indicando os objetos que aparecem no desenho.

No desenho, há...

1 mesa   _2 garrafas_

~~garrafa~~   óculos   abajur   lápis   livro
~~mesa~~   cartão postal   cadeira   tesoura   copo

UM MINUTO, UMA HORA

1. Complete com *um* ou *uma* conforme o exemplo.

uma flor

1. .... hora
2. .... janela
3. .... mapa
4. .... relógio
5. .... parede
6. .... idioma
7. .... cidade
8. .... menina
9. .... pergunta
10. .... hospital
11. .... cartão postal
12. .... planeta
13. .... país
14. .... revista
15. .... problema
16. .... calculadora
17. .... minuto
18. .... televisão
19. .... bebida
20. .... árvore
21. .... espelho
22. .... aula
23. .... guia turístico
24. .... sapato
25. .... água
26. .... fruta
27. .... guarda-chuva
28. .... salário
29. .... secretária
30. .... aluno

2. Complete as respostas utilizando *um* ou *uma* e as palavras do quadro.

| legume | fruta | ~~esporte~~ | flor |
| animal | | planeta | |

| cantor | diretor de cinema | pintora |
| ~~jogador de futebol~~ | atriz | apresentadora |

⇨ O que é...
   handebol? É _um esporte_
   1. Vênus? É ....
   2. abobrinha? É ....
   3. uma maçã? É ....
   4. uma rosa? É ....
   5. uma zebra? É ....

⇨ Quem é...
   Ronaldinho? É _um jogador de futebol_
   1. Frida Kahlo? É ....
   2. Gilberto Gil? É ....
   3. Glória Menezes? É ....
   4. Fátima Bernardes? É ....
   5. James Cameron? É ....

3. Complete o texto a seguir com *um* ou *uma*.

1. .... cafezinho, por favor.
2. O Amazonas é .... rio muito extenso.
3. Cuidado, ... cobra!
4. Olha! .... camaleão!
5. Quer .... bombom?

6. — O que é isso? — É .... chip.
7. Você tem .... mapa de Portugal?
8. Gostaria de .... suco de laranja, por favor.
9. Temos .... casa na praia.
10. A Torre Eiffel é .... monumento parisiense.

11. Seu irmão é .... ótimo aluno.
12. — O que é multidão? — É .... grande número de pessoas.
13. Você quer .... copo de suco de laranja? — Não, obrigado. Prefiro .... xícara de chá gelado.
14. Este sanduíche está .... delícia!

4. Sublinhe a forma correta em cada caso.

1. — Quem é Ney Matogrosso? — É   *cantor* / *um cantor* . É   *brasileiro* / *um brasileiro* .
2. A doutora Renata é   *médica* / *uma médica*   muito boa. É   *argentina* / *uma argentina* .
3. O marido de Patrícia é   *advogado* / *um advogado* . É   *um advogado* / *advogado*   muito caro.
4. Os tios do Thiago são   *protestantes* / *uns protestantes* .
5. O irmão da Kátia é   *ator* / *um ator famoso* .
6. — Quem é Paulo Coelho? — É   *escritor* / *um escritor* . É   *brasileiro* / *um brasileiro* .
7. Alberto e Lúcia são   *estudantes* / *uns estudantes* . São   *socialistas* / *uns socialistas* .
8. Sara quer ser   *dançarina* / *uma dançarina* .
9. García Márquez é   *um escritor* / *escritor*   muito famoso.
10. Otávio é apenas   *amigo* / *um amigo*   meu.

5. Complete com as palavras a seguir.

| um | uma | uns | umas | o | a | os | as | do | da | dos | das | no | na | nos | nas |

Texto 1 .... localização .... Brasil

...... Brasil é ...... país ...... América ...... Sul. Sua capital é ...... cidade de Brasília, mas sua maior cidade é São Paulo. ...... Brasil é famoso pela estátua do Cristo Redentor ...... Rio de Janeiro.

Texto 2 .... deserto .... mundo

...... deserto é ...... área muito seca.
...... desertos cobrem cerca de ...... terço ...... planeta Terra e podem ser encontrados em todos os continentes, exceto ...... Europa.
...... maior deserto é ...... Antártida. ...... deserto mais seco é ...... deserto de Atacama, ... oeste ...... América ...... Sul. ...... deserto mais quente é ...... Saara, ... norte ...... África.

Texto 3 .... vida .... abelhas

...... abelha é ...... inseto. ...... abelhas são numerosas em colméias naturais ou artificiais. ...... elemento principal ...... colônia é ...... rainha. Ela é ...... única abelha que bota ovos. Todas ...... abelhas ...... colônia são suas filhas e são irmãs ...... das outras.
...... abelhas coletam ...... néctar e ...... pólen ...... flores. ...... colméia, ... abelhas transformam ...... néctar em mel e alimentam ...... larvas com ...... pólen. ...... mel é estocado e ...... pólen também pode ser armazenado ...... colméia para alimentar ...... larvas por muito tempo.

Texto 4   Plutão, ... planeta misterioso

...... planeta Plutão é ...... planeta "anão" ...... nosso Sistema Solar. Foi chamado ...... nono planeta até 2006, quando ...... cientistas decidiram que era muito pequeno para ser ...... planeta.

6. Escolha a forma correta.

1. Itu é a / uma cidade do / de Brasil.
2. Vi o / um filme de espionagem.
3. O / Um filme é muito bom.
4. Trabalho no / num escritório.
5. O / um livro fala sobre o / um piloto Airton Senna.
6. O que é isso? É o / um relógio.
7. Quem é o / um rei de / da Espanha?
8. Solange trabalha no / num hotel.
9. A / Uma namorada do Francisco é dinamarquesa.
10. O / Um Sol é a uma estrela.
11. Pierre é o / um nome bem típico francês.
12. O Daniel está na / numa cozinha.
13. Moro no / num bairro tranquilo perto do / dum centro de São Paulo.
14. A / Uma moto de Tiago é japonesa.

7. Complete com *o, a, os, as, um, uma* quando for necessário.

1. Onde ..... André mora?
2. Como é ..... nome desse prato em português?
3. Falo muito pouco ..... português.
4. Eu li essas palavras em ..... livro.
5. Saber ..... pouco de espanhol ajuda quando se aprende português.
6. ..... pessoas falam muito rápido
7. Todos ..... bancos estão fechados hoje.
8. ..... greve dura já 3 semanas.
9. Quem é ..... senhora Almeida?
10. Estou procurando ..... bom hotel. Conhece algum?
11. Você conhece ..... culinária brasileira?
12. Onde posso conseguir ..... mapa da cidade?
13. Conheço bem ..... França.
14. Estou visitando ..... região.
15. É ..... primeira vez que você vem ao Brasil?
16. Posso te dar ..... meu e-mail?
17. Tem ..... cigarro?
18. ..... dia está muito bonito.
19. Quantos anos têm ..... seus filhos?
20. ..... atividades físicas fazem bem para a saúde.
21. ..... Josefa trabalha nessa loja.
22. ..... doutor João não vem trabalhar hoje.
23. ..... Hotel Central fica na praça Ramos de Azevedo.
24. ..... Museu de Arte Contemporânea fica na Avenida Paulista.
25. ..... Teatro Municipal fica perto do metrô D. Pedro I.
26. Você já foi visitar ..... Cristo Redentor?
27. Temos ..... casa de verão em Ubatuba.
28. ..... Praça da República fica no centro da cidade.
29. Onde ficam ..... Hospital Universitário e ..... Cidade Universitária?
30. Você sabe onde é ..... ponto de ônibus?

VOCÊ TEM DINHEIRO?

1. Quais objetos tem? Desenvolva um diálogo.

A	B
Você tem *passaporte*?	Não, não *tenho*. Sim, *tenho*.
a. Com licença, você tem ...?	Não, não ..... Sim, ...
b. Eles têm ...?	Não, não ..... Sim, ...
c. Suas amigas têm ...?	Não, ... Sim, ...
d. Desculpe, tu tens...?	Não, ..., ...
e. Nós temos...?	Não, ..., ...
f. A senhora tem...?	....., não ...., ...
g. Desculpe, você tem...?	....., ..., ...
h. Com licença, vocês têm...?	....., ..., ...

2. Pergunte ao colega sobre coisas que tem / não tem.

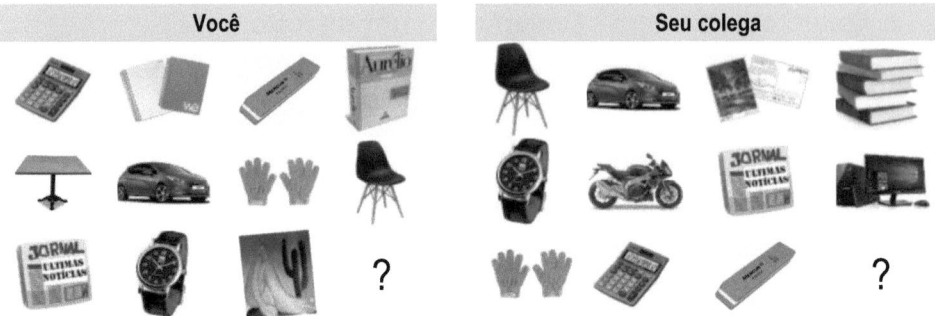

calculadora – caderno – borracha – dicionário – mesa – carro/automóvel – (um par de) luvas – cadeira – jornal – relógio – quadro – cartões postais – livros – moto – computador...

3. O que é que você tem na sua bolsa?
A =   Desculpe, **o que é que** você tem na sua bolsa?
B =   Tenho............... / Tenho também............... / Está aqui. (ou Estão aqui).

4. Faça frases com "ele é" + adjetivo e "ele tem" + substantivo.

confortável, equipado de wi-fi, seguro, bonito, espaçoso, fácil de dirigir, veloz, barato.

design eficiente, um ótimo motor, um porta-mala grande, airbag de série, direção hidráulica.

....
....
....

....
....
....

5. Complete o diálogo a seguir com "ser" e "ter".

- Com licença, senhora, posso fazer algumas perguntas? A senhora .... animais em casa?
- Sim, eu .... um cão, meus filhos .... um gato e meu marido .... um cachorro.
- Nenhum outro animal? Nenhuma cobra ou outro animal exótico?
- Oh não, eu .... medo de cobras! Mas nós queremos .... um porquinho da Índia. Os porquinhos da Índia .... animais adoráveis, ... mansos e muito carinhosos.

6. Complete o texto a seguir com "ser", "estar" e "ter".

Eu acho que as pessoas que .... animais em apartamentos .... egoístas. Um animal .... que mais espaço. Na minha opinião, um cachorro em um apartamento .... infeliz como um pássaro engaiolado. Os cães geralmente .... sozinhos durante o dia, enquanto seus donos trabalham. Eu acho que os animais de estimação .... muitas vezes considerados bonecos: .... apenas decorativos e só .... feitos para ser bonitos e educados. Eles .... muitas vezes "a sombra" do seu dono.

7. Complete o texto a seguir com "ser", "estar" e "ter".

Texto 1

Adonis .... grego. Ele .... estudante. Ele .... vinte e dois anos e .... apaixonado por Christine.
Christine é francesa. Ela .... dezenove anos. Hoje, Adonis .... encontro marcado com Christine e .... com pressa porque sua namorada .... sempre pontual e fica furiosa quando Adonis .... atrasado. Já .... meio-dia e meia e eles .... uma mesa reservada no restaurante para uma da tarde. Geralmente, Christine .... paciente, mas quando ela .... com fome, ela .... terrível. Adonis .... medo de se atrasar, mas ele acha que Christine fica bonita quando .... com raiva. Eles .... muito apaixonados um pelo outro e Adonis acha que eles .... muita sorte!

39

Texto 2

Ana Paula .... vinte anos. Ela .... estudante de Artes. Ela .... uma garota legal. Ela .... alta, ... cabelos loiros e olhos negros. Ela .... calma e sempre alegre. Ela .... muitos amigos.

Texto 3

Meus vizinhos .... brasileiros. Eles .... dois filhos. Eles .... pessoas atenciosas. A menina .... 10 anos e o menino .... 6 anos. Eles .... muito generosos. As crianças .... divertidíssimas! Eles .... apaixonados por videogames. O pai .... esportista. Ele .... campeão de capoeira. Ele também .... músico.

Texto 4

Meu melhor amigo .... espanhol. Ele .... casado e .... uma filhinha de 2 anos e meio. Sua esposa .... grávida de gêmeos. Eles .... uma casa pequena.

8. Em seu caderno, escreva um diálogo entre Adonis e Christine, utilizando as expressões com os verbos *estar* e *ter*.

- estar atrasado
- estar adiantado
- estar no horário
- estar com pressa
- estar com raiva
- ter um compromisso
- ter fome / estar com fome
- ter sede / estar com sede
- ter dor de dentes / estar com dor de dentes
- ter dor de cabeça / estar com dor de cabeça
- ter dinheiro
- estar sem gasolina

9. Complete as frases empregando o pronome correto.

1. .... estamos com frio.
2. .... estou certo.
3. .... tens um gato?
4. .... estão com muita fome.
5. .... temos muitas coisas para fazer.
6. .... nunca tenho tarefa de casa.
7. .... sempre estou cansado depois do trabalho.
8. .... têm um carro muito caro.
9. .... nunca têm dinheiro.
10. .... tem óculos de sol.
11. .... tem duas filhas e um filho.
12. .... muitas vezes está sem dinheiro.
13. .... quase sempre estão ocupados.
14. .... têm um carro e uma bicicleta.

10. Conjugue com as expressões propostas abaixo.

- estar com fome.
- ter horas.
- não ter medo de nada.
- estar doente.
- ter 20 anos.
- não ter muito tempo.
- estar com sono.
- não ter vontade de sair.

1. Ontem foi o aniversário deles. Agora, eles _____
2. Christine fica em casa. Ela _____
3. É meio-dia. Eu _____
4. É tarde demais. O bebê _____
5. Você é corajoso. Você _____
6. Estamos com pressa. Nós _____
7. Sua amiga está pálida. Ela _____
8. Meu relógio está parado. Você _____ ?

11. Conjugue o verbo *ter* de acordo com o exemplo.

Exemplo → Eu *tenho* três irmãs mais velhas e um irmão mais novo.

1. Nós .... muitos problemas.
2. Você .... um jardim em casa?
3. Eles .... muitíssimas malas.
4. (tu) .... discos de jazz?
5. Ele .... um piano em casa.
6. Eles .... muito trabalho.
7. Ela não .... dicionário.
8. Você não .... uma caneta?
9. Eles não .... tempo.
10. Você não .... carro.
11. Eu não .... paciência.
12. Nós não .... férias.
13. Este mês não .... feriados.
14. Vocês não .... filhos?
15. O carro não .... gasolina.
16. Nós .... apenas um dia de folga.
17. Eles .... muito dinheiro!
18. Você .... celular.

12. Complete com o pronome correto.

.... estamos sem dinheiro.
.... está certo.
.... está certa.
.... tem razão.
.... estou com problemas em casa.
.... estamos sem gasolina.
.... raramente têm o que comer.
.... tem óculos de sol caríssimos!
.... estão sempre reclamando de tudo!
.... têm poucos cigarros.
.... têm apenas um carro na garagem.

13. Complete as frases com *ter* (afirmativa ou negativa).

	Rodrigo	Flávia e Miguel		Cláudia
IDADE	32	29	32	26
IRMÃOS	-	uma irmã	-	dois irmãos
FILHOS	-	3		-
COR DOS OLHOS	azul-escuros	azul-claro	castanhos	verde-claros

1. Cláudia: Flávia .... vinte e nove anos, Rodrigo e Miguel .... trinta e dois anos e eu .... vinte e seis.
2. Flávia: Cláudia .... dois irmãos, Miguel e Rodrigo .... irmãos e eu .... uma irmã.
3. Rodrigo: Flávia e Miguel .... três filhos, mas eu e Cláudia .... filhos.
4. Cláudia: Eu .... olhos verde-claros, Rodrigo .... olhos azul-escuros, Flávia .... olhos azul-claro e Miguel .... olhos castanhos.

14. Escreva frases com *ter* incluindo as palavras do quadro.

| calor | ~~febre~~ | Frio | resfriado | fome | medo | sede | sono |

Estou com febre.

15. Escreva frases utilizando o verbo *ter*.

1. Você ◆ dinheiro.   *Você tem dinheiro.*
2. Tu ◆ sono?
3. Nós não ◆ carro.
4. Vocês ◆ filhos?
5. Meus avós ◆ netos educados.
6. Você ◆ uma casa grande.

16. Utilize a expressão *é que* para fazer perguntas.

1. Como você se chama?   *Como é que você se chama?*
2. Quem fez isso?
3. Por que você diz isso?
4. Onde você mora?

5. Quando eles chegam em São Paulo?
6. Como se diz "book" em português?
7. Como se faz um bolo?
8. Como se escreve "jornal" em francês?
9. Quem vai à universidade, hoje?
10. Quem canta a música "Garota de Ipanema"?

17. Complete as frases com as informações do quadro.

Antônio Marques de Oliveira 4° dto.	Serviços de Luz e Gás 5° esq.	Kinoji Fisioterapia 1° esq.	Silva & Souza advogados 6° dto.	Beatriz Cardoso 8° esq.
Imobiliária Novo Lar 1° dto.	New World Idiomas 11° dto.	Marcos Viterbo 10° esq.	Editora Sondas 12° dto.	Paulo Fontes 11° esq.

1. Marcos Viterbo mora no *décimo* andar do lado *esquerdo*.
2. O apartamento da Beatriz Cardoso fica no .... à do lado ....
3. A Imobiliária Novo Lar fica no .... andar do lado ....
4. Os escritórios de advocacia ficam no .... andar do lado direito.
5. Os Serviços de Luz e Gás ficam no .... andar do lado ....
6. A Editora Sondas está no .... andar do lado direito.
7. O Sr. Antônio mora no .... andar do lado ....
8. O consultório de fisio do Sr. Kinoji fica no .... andar do lado ....
9. A escola de línguas fica no .... andar do lado direito.
10. O apartamento do Paulo fica no .... andar.

18. Escreva os números por extenso.

D. Afonso I =
5ª estrofe =
1° de abril =
10ª sessão =
Artigo 5° =
João Paulo II =
D. Maria II =
23ª conferência =
Século III =
Capítulo IV =
21° andar =

19. Observe a árvore genealógica e complete com os possessivos.

1. THIAGO: Como se chamam _____ pais, Fabiana?
2. CAROLINA: _____ pais se chamam Lúcia e Emílio.
3. ANA: Qual é o nome da _____ avó materna, Fabiana?
4. FABIANA: O nome _____ é Lúcia.
5. ROSANA: Dona Carolina, qual é o nome da _____ filha?
6. JÚLIO: Dona Ana, como se chama o _____ marido?
7. ANA: O nome do _____ marido é José.
8. CAROLINA: _____ sogra chama-se Maria.
9. Rosana: Thiago é o _____ filho.
10. SUELI: O nome da _____ nora é Rosana.
11. ROSANA: Os nomes dos _____ sogros são Sueli e Saulo.
12. MARIA: _____ neta chama-se Fabiana.
13. FABIANA: Qual é o nome do neto da dona Ana e do senhor José?
    CAROLINA: O nome _____ é Thiago.
14. SAULO: Qual é o nome do _____ genro, Dona Lúcia?
    LÚCIA: O nome _____ é Júlio.
15. THIAGO: Como se chamam os _____ avós maternos, Fabiana?
16. PAULO: Qual é o nome da _____ neta, Dona Lúcia?
17. O nome _____ é Fabiana.
18. FABIANA: Como se chama a _____ avó paterna, Thiago?
19. FABIANA: Como se chamam as _____ avós paterna e materna, Thiago?
20. THIAGO: Como se chama os _____ avôs paterno e materno, Fabiana?

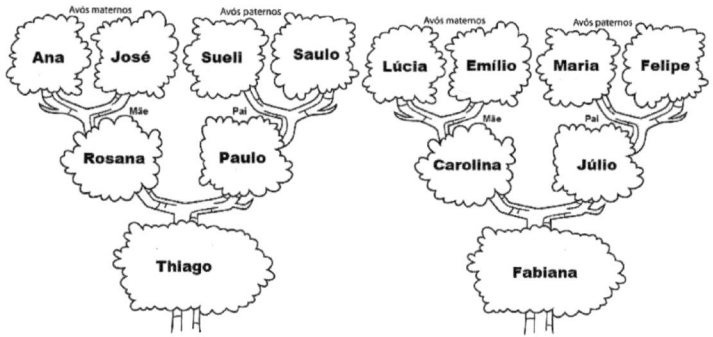

20. Identifique as pessoas de acordo com o exemplo.

Exemplo: JÚLIO: Sou o marido dela e filho dele. Tenho uma filha.
            (Carolina, Felipe e Fabiana)

1. ROSANA: Sou nora dela e mãe dele.
2. MARIA: Sou mãe dele e sogra dela.
3. CAROLINA: Sou filha deles e mulher dele.
4. SUELI: Sou mãe dele e avó dele.
5. EMÍLIO: Sou marido dela.

21. Complete as frases com *meu, teu, seu, dele*, etc.

1. — Qual é a _____ cor preferida, Sandra? — Gosto muito de azul.
2. Meu irmão e eu jogamos gostamos muito de futebol. É _____ esporte preferido.
3. A dona Antônia e _____ filhas são muito simpáticas.
4. — Onde estão Henrique e Renata? — Estão na casa _____.
5. À noite, fui ao cinema com o _____ pai e _____ irmãos.
6. Roberta e Andréia, onde estão os _____ livros?
7. — Qual é a _____ comida favorita, Tomás? — Arroz e feijão.
8. Ontem conheci os _____ futuros sogros.

22. Sublinhe a resposta correta.

1. Mostre-me minhas / deles / suas fotos.
2. A nossa / O nosso viagem foi maravilhosa!
3. Gosto muito desse cantor. A voz dele / dela / sua é muito bonita.
4. O caixa automático engoliu a minha / o meu / o deles cartão.
5. Os chefes seus / dele / meus são honestos.
6. Eles estão com um problema com a câmera fotográfica dela / dele / deles .
7. Vou lhe dar o meu / dele / seu telefone.
8. Ele sempre cumpre com dele / seu dever.

23. Relacione as frases com as imagens e complete com *aqui, aí* ou *ali*.

( ). .... tem água.
( ). — Você está vendo a Ana? — Sim, ... em cima.
( ). Olhe! Tem sombra .... debaixo da árvore!
( ). Olhe! .... tem alguma coisa!

( ). O que você tem ....?
( ). — Onde coloco os pratos? — Coloque .... dentro.
( ). Vem ...., Pedro!
( ). Sente-se ...., ao meu lado.

Fonte: Gramática de uso del Español.

QUAL É A SUA PROFISSÃO?

1. Complete o diálogo com as informações contidas no quadro.

Profissão	O que faz?
pesquisador(a)	realizar pesquisas.
contador(a)	cuidar das questões financeiras, tributárias, econômicas e patrimoniais de uma empresa.
veterinário(a)	preservar e manter* a saúde dos animais.
bibliotecário(a)	tratar, organizar, conservar e divulgar informações em bibliotecas ou centros de documentação.
enfermeiro(a)	acompanhar e cuidar de pacientes; também prestar todo tipo de assistência; garantir a aplicação correta do tratamento médico.
mecânico(a)	fazer eventuais reparos nos veículos.
policial	garantir a segurança da população.
engenheiro(a)	inventar, desenhar, construir, manter e melhorar estruturas, máquinas, aparelhos, sistemas, materiais e processos.

Prática Oral. Encene o diálogo em classe.

A = Olá, qual é a sua profissão? / O que você faz da vida?

B = Sou pesquisador(a).

A = O que você faz como pesquisador(a)?

B = Realizo pesquisas.

Prática Escrita. Escolha uma profissão e reescreva um diálogo.

2. Relacione as colunas e formule frases corretamente:

1. O administrador de empresas ( ). desenvolve e implanta projetos em empresas de agropecuária.
2. O arquiteto ( ). atua em laboratórios de pesquisas e observatórios astronômicos.
3. O agrônomo ( ). elabora mapas, estuda e analisa questões sociais, ambientais e econômicas.
4. O artista plástico ( ). acompanha os estudos da mente e do comportamento humanos.
5. O astrônomo ( ). desenvolve planejamentos na empresa.
6. A geógrafa ( ). elabora e acompanha todas as etapas de projetos de construção de estruturas e prédios.
7. A psicóloga ( ). planeja o uso de espaços para fins residenciais, industriais e comerciais.
8. O engenheiro civil ( ). trabalha em laboratórios de exames biológicos e patológicos.
9. A bióloga ( ). cria obras de arte.

NUMERAIS ORDINAIS (revisão).

1. Relacione as descrições e complete as frases abaixo.

1. O *7º (sétimo) homem* está usando um gorro na cabeça.
2. O .... está vestido de palhaço.
3. A .... tem uma saia curta.
4. A .... está com um cão.
5. O .... é um rapaz, tem barba e usa óculos.
6. .... está usando um boné e uma camiseta sem manga.
7. .... é careca e está pensativo.
8. .... acabou de pisar numa goma de mascar.
9. .... tem uma bolsa e está muitíssimo nervosa.
10. .... está de jeans e usa uma camiseta.

QUANTOS ANOS VOCÊ TEM?

1. Responda às perguntas a seguir. Fale sobre você e sua família:

1. Quantos anos você tem?
2. Quantos irmãos você tem?
3. Quantos animais de estimação você tem?
4. Quantos anos têm seus irmãos?
5. Qual é a cor dos seus olhos?
6. Quantos cômodos tem a sua casa? Tem quintal?
7. Do que é que você tem medo?
8. Tem coisas para fazer durante essa semana?

QUEM? O QUE? QUANDO? QUANTO? ONDE? COMO?

1. Ordene as palavras para formular perguntas.

1. a / quem / festa / ? / vai / aniversário / minha / de /
2. quem / Elsa / ? / está dançando / com /
3. esse / para / é / quem / presente / ? /
4. aconteceu / ? / ontem / o que / à noite /
5. quem / essa / ? / é / de / bolsa /
6. ganhou / no seu aniversário / você / ? / o que /
7. abriu / você / o que / ? / a porta / com /
8. mora / com / você / ? / quem /
9. fazendo / estão / o que / eles / ? /
10. no / quer / fim de semana / o que / próximo / você / fazer / ? /
11. são / para / essas flores / quem / ? /
12. vocês / o que / no almoço / comer / costumam / ? /
13. assistindo / está / na sala / ? / quem / televisão /
14. está / ? / você / lendo / o que /

2. Complete com *quem, o que* ou *qual/quais*.

1. .... você assiste na televisão?
2. De .... é essa caneta?
3. .... é que você faz?
4. Com .... você trabalha?
5. De .... livros você gosta?
6. .... você faz durante a semana?
7. .... vocês estão fazendo?
8. .... cidades você visitou?
9. .... quer sorvete?
10. .... é o nome do nosso planeta?
11. .... time de futebol joga hoje?
12. .... significa "tbm"?
13. Com .... se come guacamole?
14. .... é a maior cidade do Brasil?
15. .... você já sabe em português?
16. .... vai responder à pergunta?
17. .... lugares você conhece no Brasil?
18. .... é o seu signo?

3. Faça perguntas de acordo com as respostas.

1. – .... você fez ontem? – Visitei alguns amigos.
2. – .... línguas você fala? – Falo inglês, espanhol, português e árabe.
3. – .... você vai escola? – De ônibus e de metrô.
4. – .... seus pais chegam? – Chegam no próximo fim de semana.
5. – .... é Gertrudes? – É a minha tia.
6. – .... você não trabalhou ontem. – Porque ontem foi feriado.
7. – .... água você toma por dia? – Tomo 2 litros.
8. – .... você faz compras? – No supermercado.
9. - .... pessoas participam do congresso? – Cento e cinquenta pessoas.
10. – .... é o seu endereço? – Rua das Flores n° 42, 7° andar, apto. 75
11. – .... irmãos vocês tem? – Cinco.
12. – .... salas estão ocupadas? – As salas 2 e 5 estão ocupadas.
13. – .... vai? – Vou bem, obrigado.
14. – .... dinheiro você tem? – Trinta e cinco reais.

4. *Qual* ou *quais*? Escreva frases de acordo com o modelo.

★ é a sua ★ preferida?   *Qual é a sua comida preferida?*

1. ★ esportes você ★?
2. ★ línguas você quer ★?
3. ★ é o seu filme ★ ?
4. Em ★ estação do ano nós ★?
5. De ★ professor vocês estão ★?
6. Para ★ time de futebol ★ torce?
7. Sobre ★ tema é o seu ★?
8. De ★ conjugação é o verbo *pôr*?
9. ★ é o seu ★ de telefone?
10. ★ são as cores da bandeira do ★?
11. ★ são as letras do ★ grego?

5. Ordene as palavras para formular perguntas.

1. em Salvador / quando / ? / até / vai ficar / você /
   ....
2. ficar / quanto tempo / durante / vai / aqui / ? / você /
   ....
3. para / quando / volta / a sua / São Paulo / ? / família /
   ....
4. suas / começam / aulas / ? / as / quando /
   ....
5. foi / quanto tempo / uma / monarquia / ? / o Brasil / durante /
   ....
6. dos / dia / namorados / ? / é / quando / o /
   ....
7. ele / quanto / ficou / tempo / sozinho / ? / durante /
   ....
8. seus / quando / filhos / ? / para casa / voltam /
   ....

6. Complete as perguntas de um concurso de cultura brasileira. Utilize *quem*, *o que*, *qual*, *quais*, *como*, etc.

1. .... é a cidade mais populosa do Brasil?
2. O Brasil está localizado em .... continente?
3. .... foi o "descobridor" do Brasil?
4. Em .... ano o Brasil foi descoberto pelos portugueses?
5. .... a capital do Brasil?
6. .... foi declarada a independência do Brasil?
7. .... regiões tem o Brasil?
8. .... países não fazem fronteira com o Brasil?
9. .... municípios tem o Brasil?
10. .... se chama o ponto turístico mais famoso da cidade de Belo Horizonte?
11. Em .... cidade brasileira está uma das 7 maravilhas do mundo?
12. .... eram os primeiros habitantes do Brasil?
13. .... estados tem a região Sudeste do Brasil?
14. No Brasil, em .... mês acontecem as eleições?
15. .... estados tem o Brasil?
16. .... o primeiro astronauta brasileiro foi ao espaço?

7. Associe as colunas.
1. Qual...
2. Quando...
3. Como...
4. Quem...
5. Por que...

a. .... teus pais te visitam de novo?
b. .... não gostas de café?
c. .... marca de carro você prefere?
d. .... pode me ajudar com isto?
e. .... teus irmãos se chamam?

8. Faça perguntas com as informações em negrito.
1. — **No ano passado** estive em Lisboa. — .... estiveste em Lisboa?
2. — **No próximo domingo** vamos ao sítio do meu tio. — .... vão no próximo domingo?
3. — O namorado da Teresa é **muito simpático**. — .... é o namorado da Teresa?
4. — Preciso de **cinquenta reais**. — De .... reais você precisa?
5. — Minhas aulas são **à noite**. — .... são suas aulas?
6. — Hugo está **na praia**. — .... está Hugo?
7. — Ele quer **um garfo** para comer o macarrão. — .... ele quer?
8. — Não posso vir hoje à noite. **Estou muito cansado**. — .... não pôde vir ontem à noite?
9. — Moro em Búzios **desde 1999**. — Desde .... mora em Búzios?
10. — Soraia é **de João Pessoa**. — De .... é Soraia.

9. Complete a entrevista com as palavras adequadas.

— .... você mora atualmente?
— .... mora lá?
— .... está aprendendo português?
— .... começou a estudar português?
— .... começa a trabalhar no próximo filme?
— .... papel vai fazer?
— .... vai se chamar o próximo filme?

— Em Curitiba.
— Gosto da cidade.
— Quero trabalhar no Brasil.
— Faz 3 meses.
— Daqui duas semanas.
— Vou ser o protagonista.
— Estrada perigosa.

10. Complete com *quanto*, *quanta*, *quantos*, *quantas*.
1. — .... anos você tem? — Vinte e quatro.
2. — .... tempo você precisa para preparar o jantar? — Uma hora mais ou menos.
3. — No escritório em que trabalho há poucas mulheres. — ....?
4. — .... tempo leva para se fazer o teste? — Meia hora.
5. — .... pessoas vêm à conferência? — Umas trinta pessoas.
6. — .... sobrinhos você tem? — Treze.
7. — .... degraus tem a Torre Eiffel? — Setecentos e quatro.
8. — .... água tem no corpo humano?

FICA MUITO LONGE DAQUI?

1. Responda.

1. Onde você mora?
2. Como é a sua cidade?
3. O que as pessoas costumam fazer nos finais de semana na sua cidade?
4. Quais melhores meses do ano para se visitar a cidade?
5. Aonde você vai com seus amigos?
6. Você gosta de viver na sua cidade?

2. Classifique as palavras. Adicione outras palavras à lista.

- ⊗ o supermercado
- ○ o hotel
- ○ o restaurante
- ○ a pizzaria
- ○ a galerie de arte
- ○ a feira livre
- ○ o mercadinho
- ○ a loja de sapatos
- ○ o cybercafé
- ○ a estação ferroviária

- ○ a loja
- ○ a farmácia
- ○ o aeroporto
- ○ a loja de móveis
- ○ a praça
- ○ o estádio de futebol
- ○ o calçadão
- a livraria
- ○ o mercado
- ○ o shopping center

- ○ o bar-café
- ○ o ponto de táxi
- ○ o museu
- ○ o açougue
- ○ a loja de eletrodomésticos
- ○ o teatro
- ○ o cinema
- ○ o boliche
- ○ a praia
- ○ ...

lugares para fazer compras	lugares para fazer turismo	lugares para ir com os amigos
o supermercado		

3. Ligue os lugares às ações correspondentes.

Lugar	O que se pode fazer lá
1. No museu	( ). Brincar
2. Na igreja	( ). Comprar
3. No banco	( ). Estudar
4. No centro esportivo	( ). Praticar
5. No mar	( ). Emprestar
6. Na universidade/na escola	( ). retirar, depositar, assinar
7. No estacionamento	( ). nadar, pescar
8. Nos correios	( ). enviar, mandar
9. Na biblioteca	( ). Estacionar
10. No hospital	( ). consultar-se com... esperar...
11. No armazém	( ). rezar, orar
12. No parque	( ). visitar, ver

4. Fale do país em que você vive. Responda às perguntas.

1. Como é o seu país?
2. Como é a vida em seu país?
3. Seu país é grande ou pequeno?
4. O que seu país importa / exporta?
5. Onde fica seu país?
6. Existe uma variedade de climas? Quais climas existem?
7. Tem praias, florestas, lagos, montanhas,...?
8. Como é a educação no seu país?
9. Como o sistema de saúde funciona?
10. Como é a comida em seu país?
11. Como são as pessoas em seu país?
12. Do que as pessoas gostam?
13. Tem Starbucks no seu país?
14. Que língua se fala em seu país?
15. Quais marcas famosas em seu país?

5. Fale de sua cidade. Forme frases com as palavras a seguir.

1. bairros
2. ruas pequenas
3. grandes avenidas
4. praças
5. lojas
6. muitas árvores
7. parques
8. isolado(a), isolados(as)
9. calmo(a) e seguro(a)
10. ficar preso no trânsito
11. estacionamentos
12. lotado de gente

6. Escolha corretamente os verbos entre parênteses.

1. São Paulo (está / é / fica / há / tem) uma cidade dinâmica e muito atraente. (Está / É / Fica / Há / Tem) a capital do Estado de São Paulo, que (situa-se / está / tem) situado na região sudeste do Brasil.
2. No Brasil, (está / é / fica / há / têm) muitas grandes cidades.
3. Em Londres, (ficam localizados / é / ficam / há / estão) muitos parques.
4. Lisboa (situa-se / é / fica / há / está localizada) a capital de Portugal.
5. Quantos museus (está / é / fica / há / localiza-se) em Lisboa?
6. Onde (fica / há / tem) o rio Tejo?
7. Coimbra (tem / é) uma cidade portuguesa, capital do distrito de Coimbra, no centro de Portugal. (Está / É / Tem) situada na província da Beira Litoral. (É / Tem) aproximadamente 106 mil habitantes.

7. Complete as frases com as informações de sua cidade.

1. Minha cidade tem muitos ...., ..., uma .... que se chama ...., etc.
2. Na minha cidade, tem .... habitantes.
3. Há também ....
4. Tem muitas ....
5. Não tem ...., mas tem ....
6. No meu bairro, não tem ....

8. Redija um texto (10 linhas) falando sobre a cidade da imagem.

GOSTA DE...?

1. Escreva frases de acordo com o quadro.

☺ gosta   ☺☺ gosta bastante   ☺☺☺ gosta muito   ☹ não gosta

	Marcos	Eloísa
gatos	☺	☹
fazer compras no shopping	☹	☺☺☺
sorvete	☺☺	☺
suco de laranja	☹	☺☺
vinho	☺☺☺	☺☺
comer lasanha	☺	☹
visitar a família	☹	☺☺☺
andar de ônibus	☺☺☺	☺☺
assistir filmes de terror	☺	☹
ver novelas	☹	☺☺☺
tomar uma cervejinha com os amigos	☺☺	☺☺☺
ler livros técnicos	☺☺	☺☺
histórias em quadrinhos	☹	☹

gatos	Marcos gosta de gatos.	Eloísa não gosta de gatos.
fazer compras no shopping		
sorvete		
suco de laranja		
vinho de Bordeaux		
comer lasanha		
visitar a família		
andar de ônibus		
assistir filmes de terror		
ver novelas		
tomar uma cervejinha com os amigos		
ler livros técnicos		
histórias em quadrinhos		

2. Utilize o quadro anterior e faça perguntas ao seu colega.

Você gosta de ....?
..........................?
..........................?
..........................?
..........................?
..........................?

Gosto.

Não gosto.

3. Marque as comidas das quais *gosta* e *não gosta*. Em seguida, escreva frases de acordo com as informações que marcou.

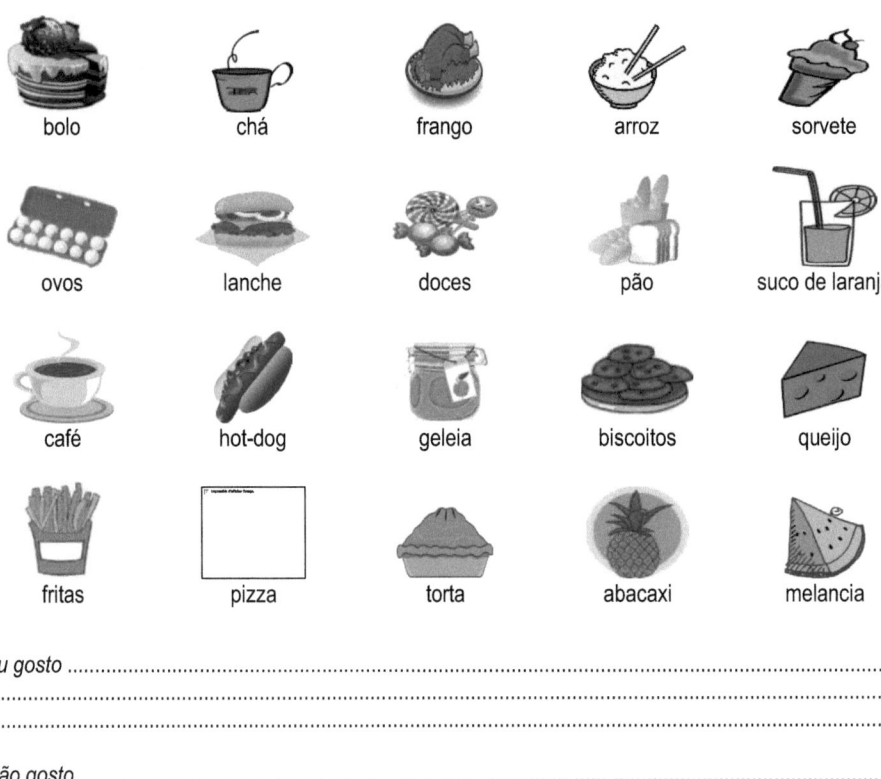

bolo	chá	frango	arroz	sorvete
ovos	lanche	doces	pão	suco de laranja
café	hot-dog	geleia	biscoitos	queijo
fritas	pizza	torta	abacaxi	melancia

Eu gosto ....
....
....

Não gosto ....
....
....

ONDE TRABALHA?

1. Faça perguntas e responda de acordo com o modelo.
* *por* + *o* serviço de transferência = *pelo* serviço de transferência.

Onde / trabalhar (eles)	uma empresa alemã
Onde eles trabalham?	*Eles trabalham numa empresa alemã.*
1. Onde / trabalhar (você)	uma empresa brasileira de eletrônicos
2. Do que / falar (vocês)	a crise econômica
3. Quando / viajar (nós)	o próximo mês
4. Como / enviar dinheiro aos pais dela (ela)	o* serviço de transferência
5. Onde / estudar português (tu)	uma universidade portuguesa
6. Quando / ter reunião (vocês)	a semana que vem
7. Onde / ficar (o hotel)	o centro da cidade
8. Onde / guardar dinheiro (elas)	o banco

2. Responda de acordo com o exemplo.
PERGUNTA: O QUE VOCÊ FAZ NO TRABALHO?

1. usar o computador.   *Eu uso o computador.*
2. telefonar para o meu chefe.
3. enviar e-mails para os clientes.
4. analisar os dossiês.
5. organizar o escritório.
6. terminar os projetos.

PERGUNTA: O QUE VOCÊ FAZ DURANTE A SEMANA?

1. ter consulta no médico.
2. estudar português.
3. dançar.
4. comprar comida no supermercado.
5. praticar esportes.
6. preparar o almoço.
7. nadar no clube.
8. visitar meus amigos.
9. descansar um pouco.
10. andar de bicicleta.
11. aproveitar para ir à praia.
12. organizar o quarto.

3. Complete com as contrações corretas na resposta.

Ana Paula: — Olá, onde você trabalha?
Rogério: — Trabalho *numa* (uma) empresa de informática.

Diálogo n° 1
Ricardo: Por favor, onde fica o escritório .... *(a)* nova secretária?
Márcia: O escritório .... *(a)* nova secretária é .... *(o)* quarto andar perto .... *(o)* elevador.
Ricardo: Obrigado.

Diálogo n° 2
Clara: Marcos, quando vocês chegam de viagem?
Marcos: Renata e eu chegamos .... *(a)* próxima quarta-feira, dia 9, às 17 horas.
Clara: Ótimo! Então, eu venho buscá-los.................. *(o)* aeroporto.

Diálogo n° 3
Bruno: Onde está o Rodrigo?
João: O Rodrigo ainda está .... *(o)* trabalho.
Bruno: O trabalho do Rodrigo fica longe ou perto .... *(o)* centro da cidade?
João: Fica perto .... *(o)* centro da cidade.

Diálogo n° 4
Paulo: Simone, você gosta .... *(a)* sua cidade?
Simone: Eu gosto muito .... *(a)* minha cidade.
Paulo: Tem hospitais .... *(a)* sua cidade?
Simone: Sim, tem um hospital e duas clínicas.

Diálogo n° 5
Paulo: Onde você trabalha, Érica?

Simone: Trabalho .... *(um)* laboratório britânico
Paulo: O que você faz lá?
Simone: Trabalho .... *(o)* departamento comercial.

4. Responda *sim* ou *não*.

Trabalha em casa?	sim	não	Viaja muito?	sim	não
Gosta de morar aqui?	sim	não	Viaja com seus amigos?	sim	não
Fala três idiomas?	sim	não	Usa o computador todos os dias?	sim	não
Envia e-mails ao seu chefe?	sim	não	Visita exposições no museu?	sim	não
Usa o celular?	sim	não	Aproveita o verão com a família?	sim	não
Anda de bicicleta?	sim	não	Gosta de nadar?	sim	não

5. Relacione as colunas e escreva frases como no exemplo.

Onde trabalha...
1. um médico?
2. um empresário?
3. um arquiteto?
4. uma garçonete?
5. uma professora?

( ). .... escola.
( ). .... ateliê.
( ). .... empresa.
( ). .... restaurante.
(1). *Num* hospital.

Onde trabalha um médico? Um médico trabalha num hospital.

---

6. Leia a informação e complete as frases com os verbos estudar, trabalhar ou morar nas formas afirmativa ou negativa.

	Francisco	Antônio e Lara		Tomiko e Márcia		Pedro
Local de residência	Curitiba	Salvador		João Pessoa		São Paulo
Local de trabalho	estudante de Medicina	loja	farmácia	hospital	biblioteca	estudante de Direito

1. FRANCISCO: .... em Curitiba e .... medicina na universidade.

2. LARA: Antônio e eu .... em Salvador. Antônio .... numa loja e e eu .... numa farmácia.

3. PEDRO: .... em São Paulo. ...., mas .... Direito.

4. MÁRCIA: Tomiko e eu .... João Pessoa. Eu .... numa biblioteca. Tomiko .... num hospital.

7. Complete as frases no presente do modo indicativo com os verbos apropriados.

1. — A que horas vocês *jantam*? — Nós *jantamos* às 9 horas. — JANTAR
2. — Onde você .... o verão? — .... o verão em Ubatuba. — PASSAR
3. — Os preços .... cada dia mais. — É verdade. — AUMENTAR.
4. — Onde você .... ? — .... num hospital — TRABALHAR
5. — A que horas a sua aula ....? — .... às 11. — TERMINAR
6. Eles .... o tempo todo. — BRIGAR
7. — Elas .... o seu convite? — Sim, ... — ACEITAR
8. — Você .... sua esposa? — Claro, eu a .... muito. — AMAR
9. Meus sobrinhos .... muito de fazer piquenique. — GOSTAR
10. — O que os seus pais .... da sua nova namora? Eles gostam muito dela. — ACHAR
11. (Eu) Sempre .... o computador. — USAR
12. — Quem .... seus filhos à escola? Meu tio os .... à escola. — LEVAR
13. — Você .... seus vizinhos para o casamento? — Sim, claro. — CONVIDAR
14. Nós .... uma resposta. — ESPERAR
15. Meu marido se .... Paulo. — CHAMAR
16. (Nós) .... de bicicleta no parque. — ANDAR
17. — Suas filhas .... inglês? — Sim, ... — ESTUDAR
18. Eles .... para o quadro de Leonardo Da Vinci. — OLHAR
19. — Tu .... da reunião? — Sim, ... — PARTICIPAR
20. Os advogados .... três idiomas. — FALAR
21. — Onde ela ....? — Na Alemanha. — MORAR
22. Eles .... seus pertences aqui. — DEIXAR
23. — Vocês .... férias onde? — .... férias no Canadá. — PASSAR
24. O bebê .... muito. — CHORAR
25. Eles .... de apartamento. — MUDAR
26. Eles me .... a comprar uma nova casa. — ACONSELHAR
27. As crianças .... no parque. — BRINCAR
28. O caminhão .... a mudança do Pedro. — CARREGAR
29. A bateria do celular .... agora. — CARREGAR
30. Nossas filhas .... cedo todos os dias. — ACORDAR
31. Essa cantora .... muito bem! — CANTAR
32. O Sol .... lá fora. — BRILHAR

8. Responda.

PERGUNTAS	RESPOSTAS
a) Quantas horas você trabalha por dia?	
b) Quantas horas você usa a internet por dia?	
c) Por dia, quantas horas em média você utiliza as redes sociais?	
d) Durante quantas horas você assiste TV?	
e) Quantas horas em média você usa celular por dia?	
f) Você estuda durante quantas horas por dia?	
g) Você dorme quantas horas por dia?	

9. Traduza esses verbos para sua língua materna.

EM PORTUGUÊS	EM SUA LÍNGUA	EM PORTUGUÊS	EM SUA LÍNGUA
dançar		comprar	
buscar		convidar	
mudar		jantar	
cantar		lavar	
ensinar		estudar	
cozinhar		esquiar	
ganhar		esperar	
descansar		falar	
ligar		telefonar	
mandar		olhar	
nadar		pagar	
passar		perguntar	
preparar		tomar	
trabalhar		viajar	

10. Complete os seguintes verbos com a terminação correta.

1. Marina danç........... muito bem.
2. Meu colega de trabalho fal........... português.
3. Minha família jant........... às seis.
4. O senhor sempre ganh........... na loteria.
5. Eles compr........... comida no mercado.
6. Eles nad........... bastante no verão.
7. Por que vocês não mand........... as encomendas por correio?
8. Os jovens viaj........... pela Europa.
9. Eu não cant........... muito bem.
10. Eu olh........... a foto.
11. Eu descans........... um pouquinho.
12. Nós trabalh........... muito.
13. Nós estud........... português.
14. Nós convid........... Maria para jantar conosco.
15. Tu ensin........... inglês?
16. Tu lev........... muitas bagagens.
17. Tu tom........... muito café.
18. O que você prepar........... para o jantar?

11. Complete as frases com os verbos no presente.

1. tomar	Nós .... o trem.	
2. jantar	Eles sempre .... num restaurante.	
3. esquiar	Onde você .... no inverno?	
4. trabalhar	Onde aqueles senhores ....?	
5. olhar	Eu .... o catálogo. Você .... a revista.	
6. esperar	O senhor .... no primeiro andar?	
7. preparar	— Tu .... a comida? — Sim, eu .... a comida.	
8. procurar	Nós .... o mapa.	
9. buscar	Eles .... o carro na garagem.	
10. ligar	Eu .... para o médico.	
11. passar	Eles .... as férias aqui.	
12. trabalhar	Elas .... num escritório no centro da cidade.	
13. viajar	Ela .... muito de avião.	
14. nadar	Eu .... todos os dias na piscina.	
15. anunciar	Eles .... a chegada dos passageiros.	
16. pagar	Vocês .... as suas contas?	
17. usar	Nós não .... óculos.	
18. participar	— Tu .... da reunião, hoje? — Sim, ...	
19. contar	Minha irmã mais velha me .... muitas histórias.	
20. avisar	Eles nos .... sobre o horário da festa.	
21. comunicar	O médico .... os horários da consulta ao paciente.	
22. deixar	Marta .... seus filhos na escola.	
23. cantar	Ela é cantora. .... Reggae.	
24. gostar	Meus filhos não .... de Coca-Cola.	

12. Observe as informações do quadro e siga o modelo.

	QUANTAS HORAS / VEZES POR...?	ATIVIDADES
1. Renato	3 horas/semana	- praticar vôlei
2. Thiago	5 horas/semana	- estudar inglês
3. Carla	3 vezes/dia	- enviar e-mail ao chefe
4. Roberto	4 horas/dia	- navegar na internet
5. Sandra e você	8 horas/dia	- trabalhar em casa
6. Catty e Éric	10 horas/semana	- ensinar português
7. Cícero	2 vezes/semana	- usar o carro do seu pai
8. Karina e você	3 vezes/semana	- apanhar o metrô
9. Rodrigo e Caio	1 vez/semana	- sair do trabalho às 16
10. Márcia e Ana	1 vez/semana	- visitar os amigos
11. Ricardo e você	2 vezes/mês	- viajar
12. John e Mônica	3 vezes/semana	- almoçar no restaurante

1. Renato

— *Quantas horas o Renato pratica vôlei por semana?*
— *O Renato pratica vôlei 3 horas por semana.*

2. Thiago

3. Carla

4. Roberto

5. Sandra e você

6. Catty e Éric

7. Cícero

8. Karina e você

9. Rodrigo e Caio

10. Márcia e Ana

11. Ricardo e você

12. John e Mônica

13. Complete o texto com os verbos presentes no quadro.

FESTA JUNINA NO BRASIL E EM PORTUGAL

NO BRASIL

As festas juninas são, em sua essência, multiculturais. A forma conhecida atualmente .... sua origem nas festas dos santos populares em Portugal: a Festa de Santo Antônio, a Festa de São João, a Festas de São Pedro e São Paulo principalmente.

Durante a imigração, muitos portugueses trazem a música e os instrumentos usados nestas festas para o Brasil. Muitos "ingredientes" dessa festa .... na base da música popular e folclórica portuguesa.

As roupas .... o modo de se vestir dos camponeses do Brasil e de Portugal.

As decorações dos arraiais .... de origem asiática. Na época dos descobrimentos, os portugueses .... da Ásia todo tipo de enfeites de papel, balões de ar quente e pólvora.

Os balões são proibidos em muitos lugares do Brasil, mas em Portugal .... milhares deles. A dança de fitas típica das festas juninas no Brasil ....-se provavelmente da Península Ibérica.

```
cantam
comem
correspondem
dançam
desfilam
é
estão
existem
imitam
importam
origina
são
são
tem
```

EM PORTUGAL

Em Portugal, estas festividades, genericamente conhecidas pelo nome de "Festas dos Santos Populares", ... a diferentes feriados municipais.

Nas cidades do Porto e de Braga em Portugal, o São João .... comemorado com uma intensidade inigualável.

Em Lisboa o Santo Antônio é festejado a 13 de Junho. Nesse dia, muitas marchas populares .... pela Avenida da Liberdade, com centenas de figurantes, música, trajes e decorações coloridas e muito público.

Os arraiais são feitos nos próprios bairros, com destaque para Alfama, mas também a Graça, Bica, Mouraria ou Madragoa. Nessa festa, a pessoas .... o caldo verde e sardinha assada, ... fado e outras músicas tradicionais e .... até de madrugada.

14. Reescreva as frases abaixo no singular.
1. Eles observam o mapa do Brasil.
2. Vocês estudam muito.
3. Nós viajamos muito.
4. Os meninos almoçam.
5. Nós ligamos para a nossa família em Lisboa.

1. _____
2. _____
3. _____
4. _____
5. _____

15. Reescreva as frases abaixo no plural.
1. Canto muitas músicas em inglês.
2. Ele passa as férias aqui.
3. Tu nadas muito bem.
4. O senhor ganha muito dinheiro.
5. Procuro o jornal.

1. _____
2. _____
3. _____
4. _____
5. _____

16. Complete com *muito* / *muitos* ou *muita* / *muitas*.
1. No fim de semana, Arnaldo leva .... trabalho para casa.
2. .... vezes, as pessoas escrevem "você" sem acento circunflexo.
3. .... gente escreve "doce" com acento circunflexo.
4. O Brasil tem .... petróleo.
5. A sua irmã Ana tem .... sorte.
6. Minha secretária sabe .... línguas.
7. O médico fala .... idiomas.
8. O empregado tem .... experiência no ramo da informática.
9. Gosto .... de arroz.
10. O Ricardo e a Isabel praticam .... esportes.
11. As crianças ficam .... horas na escola.
12. .... funcionários públicos apoiam a greve.
13. Já faz .... dias que meus irmãos viajaram para os Estados Unidos.
14. Há .... dinheiro naquele banco.
15. Essa fábrica produz .... cerveja diariamente.
16. Essa fábrica produz .... litros de leite diariamente.
17. O cão bebe .... água.
18. .... cantores e .... artistas vão se apresentar gratuitamente na TV.
19. No meu estojo, há .... canetas.
20. .... jornais dizem que o governo vai distribuir .... casas ao povo.
21. Meus filhos tomam .... leite de manhã.
22. Meu pai toma .... vinho português.
23. Minha mãe põe .... óleo na salada.
24. Por causa da crise, ... empresas vão fechar suas portas e .... pessoas vão ficar sem emprego.

QUANTOS IRMÃOS VOCÊ TEM?

1. Encontre a forma feminina.

Exemplo: O avô → *A avó.*

1. O tio → _____
2. O primo → _____
3. O sobrinho → _____
4. O filho → _____
5. O neto → _____
6. O irmão → _____
7. O cunhado → _____
8. O padrasto → _____
9. O marido → _____
10. O genro → _____
11. O meio-irmão → _____
12. O enteado → _____

2. Responda às perguntas de acordo com a árvore genealógica.

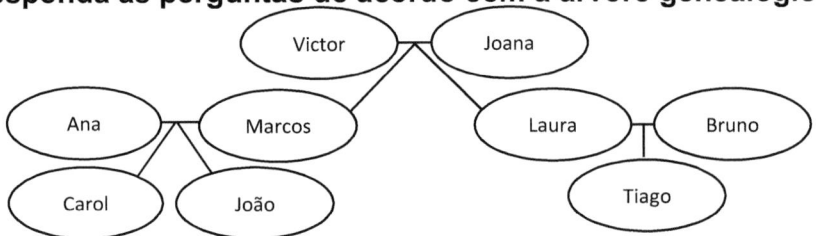

1. Quem são os netos de Victor e Joana?   1. São _____
2. Quem é o primo de Carol e João?   2. É _____
3. Quem são os tios de Tiago?   3. São _____
4. Quem é a cunhada de Ana?   4. É _____
5. Quem é o Bruno?   5. É _____
6. Quem são o genro e a nora de Victor?   6. São _____

3. Observe a árvore genealógica acima e faça perguntas.

- Quem é o Marcos?
- O Marcos é filho do Victor e da Joana, e pai da Carol e do João.
- Quem é a Ana?
- ...

4. Escreva frases seguindo o exemplo.
Exemplo: Fabiana é a filha da Dona Paulina. → A Dona Paulina é a mãe da Fabiana.

1. O seu Rúbens é o pai da Fernanda. →
2. O Tiago é o sobrinho da Dona Vera. →
3. A Dona Ana é a avó da Paula. →
4. A Renata é a cunhada da Márcia. →
5. O seu Enrique é o irmão da Dona Patrícia. →
6. O Ricardo é o neto do seu Alfredo. →
7. O Pedrinho é o enteado do seu Carlos. →
8. A Sandra é a mãe do Renatinho. →
9. A Carolina é a sobrinha da Dona Aparecida. →
10. O Miguel é o sogro da Elisa. →
11. O Walter é o meio-irmão da Eduarda. →
12. A Dona Zilda é a sogra do Antônio. →

5. Complete as imagens com as palavras abaixo.
divórcio – noivado – batizado – casamento – enterro ou funeral - nascimento

1. ....

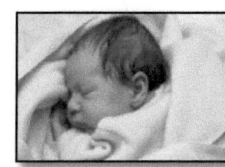
2. ....

3. ....

4. ....

5. ....

6. ....

6. Associe os verbos aos substantivos.
1. Nascer
2. Separar-se
3. Divorciar-se
4. Noivar
5. Casar-se
6. Morrer
7. Falecer
8. Enterrar

a. O enterro
b. O nascimento
c. O noivado
d. A separação
e. O casamento
f. O divórcio
g. A morte
h. O falecimento

PREPOSIÇÕES

1. Complete com preposições e contrações / combinações.

| À | ao / à / aos / às | DE | do / da / dos / das | EM | no / na / nos / nas | POR | pelo / pela / pelos / pelas |

1. Eles agradecem .... amigos os elogios.
2. Ele sempre aspira .... sucesso.
3. Nós assistimos .... entrevista.
4. Eles se esquecem .... problemas.
5. Eu me esqueço .... nome dela.
6. A mercadoria foi entregue .... cliente.
7. A pizzaria faz entregas .... domicílio.
8. Ela vai .... praia.
9. Eu aviso o pagamento .... gerente do banco.
10. Eles obedecem .... regulamentos.
11. Não me lembro .... canção.
12. Pagamos muito caro .... ingressos.
13. Ele prefere guaraná .... coca-cola.
14. Meu pai quer trocar seu carro velho .... um carro novo.
15. Ela paga a conta .... garçom.
16. Estes documentos procedem .... França.
17. Meus pais moram .... Vitória.
18. As crianças se interessam .... brinquedos caríssimos!
19. Ele apaixonou-se .... filha do vizinho.
20. Eu dou água .... passarinhos.
21. Vocês vão .... supermercados.
22. Minha filha chora .... morte do tio.
23. A professora não perdoa .... aluno.
24. Este vinho procede .... Portugal.
25. Eles moram .... subúrbio.
26. Custou .... aluno compreender o exercício.
27. Minhas amigas preferem dançar .... cantar.
28. Pago a dívida .... gerente.
29. Nós obedecemos .... regras.
30. Nós vamos .... cabelereiro.
31. O seu nome não consta .... lista.
32. Eles entram .... entrada principal.
33. Eles se lembram .... viagem.
34. Ele chama sua irmã .... boneca.
35. Ele voltou .... lugar onde nasceu.
36. A mãe quer bem .... filho.
37. Chego .... escritório às 8:30.
38. O apito avisa os meninos .... fim do jogo.

POSSESSIVOS

1. Complete com os adjetivos/pronomes possessivos corretos.
1. Quero conhecer os .... colegas. (tu)
2. Ela fala do .... trabalho. (ela)
3. A opinião .... não importa. (ele)
4. A camisa .... é verde e amarela. (eles)
5. O livro é .... (elas)
6. Este livro é .... (tu)
7. O João vendeu a casa .... (ele)
8. O João vendeu o .... apartamento. (ele)
9. O José mostra-me o .... desenho. (ele)
10. Este é o .... livro? (você)
11. Este é o livro ....? (eles)
12. Esta camisa é ....? (ele)

2. Complete com os adjetivos/pronomes possessivos corretos.
1. Quem é o .... professor? (você)
2. Quem é o professor de ....? (vocês)
3. Ontem vi o Inácio com as .... primas. (ele)
4. Onde estão as .... coisas? (vocês)
5. .... escola é muito boa. (nós)
6. O carro .... está parado. (ele)
7. A .... carta está em cima da mesa. (tu)
8. As .... bagagens estão ali. (vocês)
9. As malas .... já estão prontas. (elas)
10. Onde estão as coisas de ....? (vocês)
11. Este livro é ....? (eu)
12. .... pais moram em Nova Friburgo. (nós)
13. Quantos anos tem a .... irmã? (nós)
14. De quem é essa caneta? É .... (eu).

3. Transforme as frases usando um adjetivo possessivo.
1. Esse é o carro da Daniela. *É o carro dela.*
2. Esses são os primos da Luísa.
3. Esse é o computador da minha mãe.
4. Estes são os filhos de Marcelo e Júlia.
5. Estes são os cães do meu vizinho.
6. Aquela é a chave do empregado.
7. Aqueles são os documentos do diretor.
8. Aquele é o dossiê da secretária.
9. Aquelas são as rosas da Maria.
10. Esses são os papéis das secretárias.
11. Aqueles são os cadernos das alunas.
12. Essas são as fábricas dos empresários

4. Complete com um adjetivo possessivo.
1. Minha prima tem um computador novo. É o computador *dela*.
2. Tenho um apartamento pequeno. .... apartamento fica perto da praia.
3. Meu irmão vai à universidade. A .... universidade é pública.
4. Graças a esse emprego, posso pagar .... estudos.
5. Ouvi a .... mensagem na secretária eletrônica. Você precisa de ajuda?
6. Ela já se foi? Desculpe, queria muito conhecer .... namorada.
7. Nunca poderei me esquecer de .... experiência no estrangeiro.
8. Adoro esse país: .... gente, ... cultura, ... música, ... paisagens são maravilhosas!
9. Durante .... viagem ao Panamá eu pude visitar .... família e .... amigas.
10. Durante .... viagem à Inglaterra, eu pensava nos .... familiares, nos .... amigos e nos .... cães todos os dias.

5. Complete as frases com *meu*, *minha*, *meus*, *minhas*.
1. .... gato é cinza e .... gata é marrom.
2. .... irmã é baixa e .... irmãos são altos.
3. .... pai é engenheiro e .... mãe é advogada.
4. Aqui estão .... calção de banho e .... chinelos. Aqui também está .... toalha de praia.
5. Dentro da .... bolsa, estão os .... lápis (pl.), o .... caderno e as .... lapiseiras.
6. Posso anotar .... número de telefone e .... endereço neste papel aqui?

6. Complete as seguintes frases com *dele, dela, deles* e *delas*.
A cama da Lúcia: *A cama dela*
1. Os quartos do hotel:
2. Os restaurantes
3. As sacolas do cliente:
4. Os produtos da cliente:
5. A bolsa da Lúcia:
6. As anotações do professor:
7. As amigas da Emília:
8. O chapéu do jardineiro:
9. Os pássaros das crianças:
10. A viagem dos passageiros:
11. Os projetos das empresas:

7. Complete as seguintes frases com *dele, dela, deles* e *delas*.
O gato da Sofia: *O gato dela.*
1. Os números da loteria:
2. A bicicleta do estudante:

3. A gramática do professor:
4. A irmã da Júlia:
5. Os prêmios dos ganhadores:
6. O mapa dos exploradores:
7. O bilhete do metrô:
8. O dicionário do Paulo:
9. A tarefa dos alunos:
10. Os guias dos turistas:
11. A profissão do Renato:

8. Leia a carta de Gustavo e complete com os possessivos.

Querida Angélica,
Tenho que confessar que sou louco por você. Amo .... rosto bonito, ... boca em forma de coração e .... sorriso encantador. Também gosto dos .... lindos cabelos loiros e .... grandes olhos azuis. Quando olho para o .... corpo, vejo .... linda cintura e .... belas pernas. Eu gosto de tudo em você, ... amor.   Gustavo.

9. Complete os adjetivos possessivos apropriados.

1. Estou de férias na casa da .... irmã. .... casa é muito bonita. .... jardim é grande e .... entrada é toda coberta com pedras. A piscina .... é de chão.

2. Estou viajando com .... primas. As malas .... estão bagunçadas, as roupas .... estão sujas, os passaportes .... estão amassados e o dinheiro .... está espalhado.

3. .... irmão e eu temos muita sorte. Podemos contar com .... pais. .... mãe está sempre presente e atenta às .... necessidades. .... pai cuida de nós sempre que pode. .... família é muito feliz e até o .... cachorro está satisfeito!

4. Caro Sr. José Almeida,

Esta carta tem o objetivo de comunicá-lo que a .... empresa AFM Metalurgia não necessitará mais de .... colaboração. Nos últimos meses, ... ausências aumentaram, ... comportamento é negativo e .... trabalho é de má qualidade.

10. Complete com *o meu, a tua, os dele,* etc.

1. Estas chaves não são minhas. .... são menores que essas.
2. Esse carro é seu? Não, ... é maior.
3. Essa camisa não é do Pedro. .... é azul.
4. Com licença, este é o meu assento? Não, senhor, ... fica mais ao fundo.
5. Esse é o nosso professor? Não, ... é mais alto.
6. Meu esporte preferido é o futebol. E ...., Miguel? .... é o basquetebol.
7. Meus filhos praticam muitos esportes. E ...., João? .... jogam tênis.
8. Esses são os pais de Artur? Não, ... são mais jovens.
9. Minha professora é portuguesa. .... é brasileira.
10. Nossos filhos são muito estudiosos. .... são um pouco preguiçosos.

11. Complete com *meu*, *teu*, *dele*, etc., e *um*, *uma*.

1. amigo / eu — *Um amigo meu* é pintor.
2. amiga / eu — .... ganhou um prêmio.
3. primo / vocês — Ontem eu vi ....
4. amigo / eles — O diretor do banco é ....
5. prima / nós — Raquel é ....
6. tia / tu — A Alice é ....?
7. amigo / nós — Vocês conhecem o Mário? Sim, ele é ....
8. professora / ela — Ontem nós vimos ....

DEMONSTRATIVOS

1. Ligue as colunas para formar frases. Depois, escreva-as.

De quem é ⟶ este ⟶ caneta?
esse ⟶ guarda-chuva?
aquele carro?
esta cartão de embarque?
essa mapa?
aquela carteira?
 mala?
 álbum de fotografias?
 piscina?
 computador?
 cadeira?
 dinheiro?
 copo?
 garrafa de água?
 passaporte?
 mesa?
 relógio?
 cama?

De quem são ⟶ estes ⟶ moedas?
esses ⟶ óculos?
aqueles gravatas?
estas documentos?
essas sapatos?
aquelas computadores?
 jornais?
 desenhos?
 flores?
 luvas?
 camisas?
 quartos?
 livros?
 camiões?

2. Complete com *este*, *esse*, *aquele*, *esta*, *essa*, *aquela*, etc.

~~este~~	estes
esta	estas

1. __este__ chapéu
2. .... caneta
3. .... mulheres
4. .... papéis

esse	esses
essa	essas

5. .... crianças
6. .... homens
7. .... quarto
8. .... mesa

aquele	aqueles
aquela	aquelas

9. .... hotéis
10. .... estudantes
11. .... caderno
12. .... coisas

3. Marque a proposição correta.

1. [Este] / [Esta] / [Estes] fim de semana vai fazer muito calor.
2. Aproveite [esse] / [essas] / [esses] meses de verão para viajar um pouco.
3. [Este] / [Esta] / [Aqueles] apartamentos são para alugar.
4. Você viu [esse] / [essa] / [aqueles] filme no cinema?
5. Gostaria de experimentar [estas] / [esse] / [aqueles] pares de sapatos.
6. [Esse] / [Essa] / [Esses] artista é muito famosa.
7. [Esse] / [Essa] / [Esses] jornalista é sério.
8. [Esses] / [Essas] / [Aqueles] crianças são os meus filhos.
9. [Aqueles] / [Essas] escolas ficam perto [deste] / [daqueles] / [destas] hotéis.
10. [Este] / [Aqueles] / [Essas] alunos estão atrasados.
11. Nós somos os proprietários [deste] / [destas] / [destes] casas.
12. Os teus livros estão [nestes] / [destas] / [naquelas] estantes.
13. [Estes] / [Estas] / [Este] bandeiras são [deste] / [daqueles] / [dessas] países.
14. [Estas] / [Estes] / [Esse] médicos trabalham [naquele] / [nesta] hospital.
15. [Essas] / [Esses] advogadas trabalham [neste] / [nesta] / [naqueles] escritórios.
16. Há água [neste] / [nesta] / [nestes] copos?

4. Complete com uma contração (preposição + demonstrativo).

1. em + esta   Quem mora .... casa aqui?
2. em + aquela   Eles estão trabalhando .... empresa ali.
3. de + esta   Não gosto .... cerveja.
4. de + estes   Preciso .... lápis aqui.
5. em + aqueles Meus amigos estão bebendo .... bares.
6. em + essas   Seus filhos estudam .... salas de aula aí?
7. de + aqueles Eles dependem .... médicos para sobreviver.
8. de + essas   Elas nunca falam .... coisas.
9. em + aquelas Te esperamos .... escadas ali.
10. em + esses   Ninguém mora .... prédios aí.
11. em + essas   Vocês podem estudar .... salas.

12. de + aquelas   Os móveis são .... moças ali.
13. de + aqueles   As bagagens são .... moços ali.
14. em + este   Eles sempre se perdem .... caminho.
15. em + estas   Eles não aparecem .... fotos aqui.
16. em + aquelas   Não entendi nada .... reuniões.

5. Transforme as frases utilizando as palavras propostas.

Exemplo: É seu este vestido? [camisa] → *É sua essa camisa?*

1. Gostaria de adotar esse cão? [gata].
   ....
2. Você é o gerente dessa loja? [bares]
   ....
3. Vocês respondem a esses exercícios. [perguntas]
   ....
4. Nossos professores corrigem aquelas provas. [testes]
   ....
5. Os grevistas fazem manifestações naquelas praças. [espaços públicos]
   ....
6. Você já leu esse romance? [revista]
   ....
7. Já visitou esse país? [pontos turísticos]
   ....
8. Você viu esses monumentos? [ruas antigas]
   ....
9. O que você acha desses móveis? [roupas]
   ....
10. O que você acha daquelas almofadas? [sofás]
    ....
11. De quem são essas joias? [diamantes]
    ....

6. Substitua o feminino pelo masculino.

1. *Essa atriz* é excelente.
2. *Esta pintora* pinta quadros maravilhosos.
3. *Aquela aluna* obtém bons resultados.
4. *Aquela intérprete* fala mandarim e português.
5. *Esta paciente* vai sair do hospital amanhã.
6. *Essa atleta* sempre ganha medalhas de ouro.
7. *Essas estudantes* têm dificuldades em inglês.
8. O que *aquelas mulheres* estão fazendo?

7. Encontre os artigos demonstrativos e os substantivos.

```
F  K  J  A  R  S  G  N  O  C
Y  P  B  R  E  T  R  Q  N  V
O  Q  O  T  E  S  S  E  Q  A
N  L  S  C  L  H  N  N  L  T
I  E  V  B  O  V  L  E  I  S
N  N  S  M  A  L  E  U  Q  A
E  C  E  T  C  S  G  B  M  G
M  N  X  T  A  S  I  B  M  B
S  S  Y  B  S  B  U  M  K  I
G  P  P  I  A  V  J  J  A
```

estes   homens

....

....

....

8. Complete os slogans com um artigo demonstrativo.

1. Com .... carro, você irá longe e mais rápido, com certeza!
2. Com .... perfume, você ganhará de todos!
3. Com .... sapatos, você fará uma escolha inteligente!
4. Com .... sandálias, você simplesmente será uma obra prima!
5. Com .... aspirador de pó, você fará loucuras na limpeza de sua casa!
6. Com .... maquiagem, você será a mais bonita das mulheres!

9. Diga qual presente você vai oferecer a essas pessoas.

Exemplo: Robson gosta muito de música. → Para o Robson, vou comprar esses fones de ouvido.

1. Késia acabou de se formar. Ela adora joias.   [brincos]
→ ....
2. Sofia está organizando uma festa antes de se mudar para o Canadá.   [cachecol e gorro de lã]
→ ....
3. Antônio e Inês acabam de se mudar para o novo apartamento.   [estante de livros]
→ ....

4. Meu filho vai estudar em Paris. [computador]
→ ....
5. A professora do meu filho vai se aposentar. Ela ama ler. [edição ilustrada de Pessoa]
→ ....
6. Amanhã é aniversário do meu pai. [gravata e terno]
→ ....

10. Complete com um artigo demonstrativo.
1. *Na feira.*
- .... morangos estão bons?
- Sim, excelentes.
- Et .... framboesas e .... pêssegos?
- Sim, também. Todas .... frutas são nacionais.

2. *Numa loja de roupas.*
- Gostaria de experimentar .... calça e .... blazer no tamanho 40.
- Desculpe, mas não tenho mais .... blazer nesse tamanho. Porém, tenho .... camisa que combina muito bem com .... calça.
- Ah sim, ela é bonita! E .... sapatos? Você tem o tamanho 39?
- Vou ver. Espere só um minutinho, por favor.

3. *Numa loja de móveis.*
- Quanto custa .... conjunto de cadeiras?
- .... cadeiras, com .... mesa, estão saindo por 900 reais.

11. Escreva um diálogo.
Na delegacia, um policial faz perguntas a um homem suspeito de roubo. Imagine um diálogo utilizando os artigos demonstrativos.
[homem – mulher – crianças – joias – relógio – etc.]

                        - O senhor conhece esse homem?
                        - Não, não conheço.
                        - ...

12. Complete as frases com o demonstrativo adequado.
1. Este romance é muito interessante mas prefiro .... que está com você.
2. Aquelas casas são menores que .... aqui.
3. Este carro é mais barato que .... aí.
4. A outra praia sempre tem mais gente que .... aqui.
5. Estas malas são melhores que .... da outra loja.
6. Eu li .... livros aqui, ... que estão com você e .... que estão ali.
7. De todos os romances que li, prefiro .... que estou lendo agora.
8. Estes hotéis são tão modernos quanto .... ali.

13. Complete conforme o exemplo.

1. ~~Estas~~
2. Estes
3. Aquela
4. Esses
5. Aquelas
6. Estas
7. Essas
8. Essa
9. Aqueles

1. *Estas chaves.*
2. ....
3. ....
4. ....
5. ....
6. ....
7. ....
8. ....
9. ....

VERBOS

1. Leia a agenda da Cátia e complete com os verbos do quadro.

Fevereiro 2018			
Domingo	Segunda-feira	Terça-feira	Quarta-feira
	- consulta Dra. Renata - farmácia	- compras - aula de inglês	- bolo de aniversário do Léo - aniversário do Léo.
Quinta-feira	Sexta-feira	Sábado	
- reunião com o chefe - dentista	- banco - pagamento de contas	- cinema com os amigos - discoteca	

Hoje é domingo.
1. Na segunda-feira, *vou ao médico e à farmácia.*
2. Na terça-feira, ... compras e .... aula de inglês. fazer – ter
3. Na quarta-feira, ... o bolo de aniversário do Léo e .... à festa de fazer – ir
aniversário dele.
4. Na quinta-feira, ... reunião com o chefe e também .... ao dentista. ter – ir
5. Na sexta-feira, ... ao banco porque .... pagar minhas contas. ir – ter que
6. No sábado, ... ao cinema e .... para dançar com os amigos. ir – sair

2. Complete as frases com os verbos do quadro.

TER	TERMINAR	SER	CHEGAR	COMEÇAR	ABRIR
CONTAR	LEVAR	AJUDAR	COLOCAR	DEIXAR	COZINHAR
JANTAR	IR	VIAJAR	FAZER	SAIR	FALAR

1. (nós) .... para Lisboa amanhã.

2. Jorge e Elizabete .... no próximo sábado.

3. Rosana .... uma festa para ir hoje à noite.

4. (nós) .... ao teatro no domingo.

5. Daniel .... hoje de férias.

6. O banco .... às 9 horas.

7. A Feira de Turismo .... nesta segunda-feira.

8. Meus pais .... com a gente hoje à noite.

9. O que vocês .... neste fim de semana?

10. Lúcia .... os estudos no ano que vem.

11. Quando .... os Jogos Olímpicos?

12. Com quem ela .... no telefone?

13. Ela .... histórias para seus filhos toda a noite.

14. Os meus filhos me .... a preparar o jantar todos os dias.

15. Ondes vocês .... essas coisas?

16. Quem .... seus filhos para a escola?

17. Eles sempre .... as crianças aqui antes de ir trabalhar.

18. (eu) .... uma nova receita.

3. Complete a cruzadinha com os verbos sugeridos.

HORIZONTAL
4. nós (fazer)
5. eu (ter)
7. tu (ir)
9. elas (ser)
10. você (fazer)
11. vocês (ir)
12. eu (estar)
15. nós (ser)
16. tu (fazer)
17. a senhora (estar)

VERTICAL
1. nós (ir)
2. a gente (ter)
3. eu (ser)
5. você e eu (ter)
6. eu (fazer)
8. você e eu (estar)
11. eu (ir)
12. você e ela (estar)
13. tu (ter)
14. tu (estar)
16. elas (fazer)
18. eles (ter)

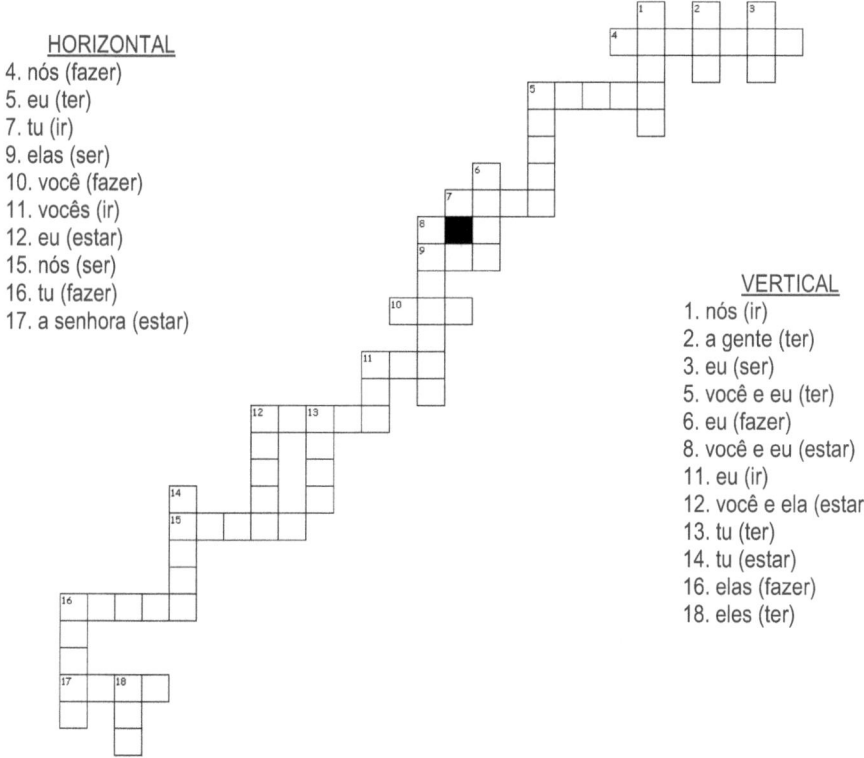

4. Procure os verbos na palavra-cruzada.

```
H D Y D T K S J I V M N Z A V
W B P U E Y W O L X S X U C X
H W G M N N S B M B D D H I T
S N E T E P I K R A C X P U Y
B G O P S V P T P M T K H S N
Y N V E H U Y E X J T S P E L
S J B L S Q A M C N Y N E Z M
O G O O Z T Y O Z U W T N A V
I Ã U E R L O S U L J D U F T
X M S D N H M U W J A S B N T
K S N V Z X S S H N C D E N J
T M A L N O U D R I V S Y Y J
O I S O M O S K R Z I N I I P
S V F A E V F Z K R C H W I G
Y Y V F O G O B H O N Z K A A
```

Eu / ESTAR = *Estou*

Você e eu / ESTAR = ...

Tu / FAZER = ...

Você e eu / SER = ...

Você e ela / SER = ...

Eu e eles / TER = ...

Tu / TER = ...

Tu / IR = ...

Eu e vocês / IR = ...

5. Observe as fotos e escreva frases.

- O que você *vai fazer* hoje à tarde?

jogar tênis   /   pescar   /   cuidar do jardim   /   (ir) à praia

1. -..
2. -..
3. -..
4. -..

6. Complete as frases com as expressões abaixo.

1. O carro está sujo.	→ lavar o carro.	1. *Vou lavar o carro.*
2. Estou com fome.	→ comer algo.	2.
3. Estamos muito cansados.	→ descansar	3.
4. Estou com sede.	→ tomar um suco.	4.
5. Amanhã tenho um teste.	→ estudar um pouco.	5.
6. Estou com frio.	→ tomar algo quente.	6.
7. Estamos preocupados.	→ telefonar para eles.	7.
8. Não tem nada para se comer.	→ fazer compras.	8.
9. Queremos sair um pouco.	→ ir ao cinema.	9.
10. Preciso cortar o cabelo.	→ ir à cabelereira	10.

7. Complete os diálogos com os verbos entre parênteses.

1. – O que vocês *vão fazer* (fazer) neste verão?
   – As crianças .... (passar) alguns dias num acampamento, e Célia e eu .... (viajar) para Maceió.
   – E onde .... (ficar)?
   – Num chalé que nós .... (alugar) com nossos amigos.

2. – O que você .... (fazer) nas férias, Ana?
   – (eu) .... (visitar) meus pais. E você?
   – .... (aproveitar) para ir à praia com amigos.

3. – O que seus filhos .... (fazer) nas próximas férias, Henrique?
   – Eles .... (passar) duas semanas em Nova Iorque e também .... (aproveitar) para visitar o Museu.
   – Eles têm visto para os Estados Unidos?
   – Ainda não, mas eles .... (pedir) o visto na próxima semana.
   – Que ótimo!

8. Conjugue os verbos no futuro imediato.
1. Eles .... (embarcar) no aeroporto às 19:00.
2. O avião .... (decolar) às 7 da manhã.
3. (nós) .... (comprar) o bilhete de avião amanhã cedinho.
4. (eu) .... (conhecer) aquela ilha.
5. Você .... (relaxar) bastante durante às férias.
6. Vocês .... (pegar) os seus passaportes.
7. Elas .... (buscar) as bagagens daqui a pouco.
8. O passageiro .... (esperar) no terminal 1 do aeroporto.
9. Nós .... (fazer) um cruzeiro.
10. Tu .... (visitar) muitos lugares.
11. Você .... (viajar) com qual companhia aérea?
12. Você .... (tomar) o trem ou o ônibus?
13. Quando ele .... (viajar), nunca .... (ficar) em hotéis.
14. Vocês .... (comprar) lembranças quando .... (viajar)?
15. (eu) .... (alugar) um carro.
16. (eu) .... (reservar) um quarto de hotel.
17. Nós .... (comprar) uma viagem de ida e volta.
18. Quanto .... (custar) os bilhetes?
19. Eles .... (desembarcar) em breve.
20. Os empregados .... (despachar) as bagagens daqui a pouco.

9. Faça frases combinando os elementos propostos.
1. Ela
2. Os alunos   a. vamos
3. A gente   b. vais
4. Eu   c. vai
5. Nós   d. vou
6. Você   e. vão
7. Tu

A. se preparar melhor para os exames.
B. se cortar com essa faca!
C. me arrumar para o casamento.
D. nos cansar muito depois da academia.
E. se casar no mês que vem.
F. te olhar no espelho.
G. se divertir muito.

1.
2.
3.
4.
5.
6.
7.

10. Escreva frases colocando as palavras em ordem.

1. à tarde. / nadar / hoje / Não / no clube / vou /
   ....
2. não / o fim de semana. / Eles / descansar / durante / vão /
   ....
3. no centro da cidade? / não / vão / Vocês / cerveja / tomar /
   ....
4. vamos / neste / trabalhar / Não / verão. /
   ....
5. não / As / tarde. / crianças / deitar / vão / se /
   ....
6. passear / A dona Lúcia / sozinha. / não / vai /
   ....
7. restaurante. / não / vais / fumar / Tu / no interior do /
   ....
8. vai / nas montanhas. / Não / amanhã / nevar /
   ....

11. Responda às perguntas a partir das informações do quadro.

Ex.: — *Podemos tomar um cafezinho na segunda-feira às 10:00?*

— *Segunda às 10? Desculpe, mas não posso. Vou ter uma consulta no médico às 10:15.*

Segunda-feira	Terça-feira	Quarta-feira
10:15 consulta no médico	12:00 almoço com a prima	9:00 compras no supermercado 15:00 academia
Quinta-feira	**Sexta-feira**	**Sábado**
14:00 dentista	9:30 aula de canto 19:00 cinema	9:00 depósito no banco

1. Você está livre na terça ao meio-dia?
2. Na quarta de manhã, o que vai fazer?
3. Vou à academia na quarta às 3 da tarde. E você?
4. O que você vai fazer na quinta-feira à tarde?
5. O que você vai fazer na sexta de manhã? E à noite?
6. Quando você vai fazer o depósito no banco?

12. Escreva os projetos de Célia e Wagner. Utilize o futuro imediato e as palavras sugeridas.

- comprar um carro, casar-se, comprar uma casa mais espaçosa, procurar um novo emprego, fazer uma bela viagem, economizar dinheiro, jogar na loteria, fazer esportes, aprender um novo idioma, aprender a dirigir, participar de um programa humanitário, etc...

CÉLIA: *No ano que vem, vou comprar um carro,* ....
....
....
....
....

WAGNER E CÉLIA: *Nós vamos*... ....
....
....
....
....
....

13. Verbos da 1ª conjugação. Complete.
1. No Brasil, os bancos .... (fechar) às 17 horas para o público.
2. Leonardo .... (fumar) uns 15 cigarros por dia.
3. Nós .... (alugar) um pequeno apartamento no subúrbio.
4. Ela é professora e .... (ensinar) português num colégio particular.
5. .... (eu + gostar) do meu trabalho.
6. Eles .... (jogar) futebol todos os domingos à tarde.
7. (eu) Nunca .... (deitar-se) tarde.
8. (nós) .... (costumar) chegar em casa à noite.
9. Ele .... (usar) o carro no fim de semana.
10. Meu filho .... (usar) óculos.
11. Ela sempre .... (tomar) o ônibus das 8.
12. O filme .... (começar) às 20h30 e .... (terminar) às 23h00.

Verbos regulares da 2ª conjugação. Complete.
1. No café da manhã, nós .... (tomar) café com leite e .... (comer) pão com manteiga.
2. Vocês .... (aprender) português numa escola de línguas?
3. Ela .... (parecer-se) muito com o pai.
4. Eles .... (viver) agora no Rio de Janeiro.
5. No inverno raramente .... (chover) no Paraná.
6. Quando está de férias, ele sempre .... (escrever) para os amigos.
7. O texto é difícil. Eu não .... (compreender) nada.
8. Quando o telefone toca, é o filho que .... (atender).
9. Você sempre .... (esquecer-se) do aniversário dela.
10. Eles .... (descer) essa rua para pegar o ônibus.
11. Ela não .... (conhecer) a professora de português.
12. Quem é que .... (responder) essa pergunta?

Verbos irregulares da 2ª conjugação. Complete.
1. Você .... (poder) sair hoje à noite conosco?
2. Hoje à noite, eu não .... (poder). Tenho que estudar.
3. Nos fins de semana eles .... (ler) a revista "Caras".
4. A Ana e o Pedro .... (fazer) aniversário em janeiro.
5. Meu filho está no 1° ano primário e já .... (saber) ler.
6. Ele usa óculos, porque não .... (ver) bem ao longe.
7. Quem .... (querer) mais café? Eu .... (querer).
8. Quem é que .... (pôr) a mesa, por favor?
9. Eu .... (pôr) um belo vestido para a festa.
10. Meu namorado .... (pôr) uma gravata azul para o casamento do Pedro.
11. Ele .... (querer) outro café.
12. Eu nunca .... (ver) televisão.
13. Ela .... (fazer) aniversário hoje.
14. Amanhã (eu) .... (fazer) uma festa em casa.
15. (eu) Não .... (saber) o nome dela.
16. O seu Ramos .... (ler) o jornal "Folha de São Paulo" todos os dias.
17. Eu .... (trazer) um presente para a Ana.
18. Eu não .... (poder) sair à noite.
19. Ela .... (saber) falar muitas línguas.
20. A empregada .... (trazer) o pão de manhã.

Verbos regulares e irregulares da 3ª conjugação. Complete.
1. Eu nunca .... (mentir) para os meus pais.
2. O empregado .... (servir) o café à mesa.
3. Ela .... (traduzir) romances para o inglês.
4. O senhor .... (seguir) sempre em frente.
5. Eu .... (seguir) a sinalização.
6. Os bancos .... (abrir) às 8h30.
7. Ela .... (dividir) o bolo com os irmãos.
8. Eu .... (preferir) ficar em casa.
9. O avião .... (partir) às 17h00.
10. Você nunca .... (admitir) seus erros.
11. Eu não .... (conseguir) estudar com barulho.
12. No início das aulas, o professor .... (introduzir) a matéria nova.
13. Hoje, (eu) .... sentir-se) muito cansado.
14. Você .... (sentir-se) bem? Sim, ... (sentir-se).
15. O professor .... (corrigir) os exercícios? Sim, ... (corrigir).
16. (você) .... (preferir) ir ao cinema? .... (preferir).
17. (vocês) .... (conseguir) estudar com barulho? .... (conseguir).
18. Eles .... (discutir) a proposta amanhã? .... (discutir).
19. Esta empresa .... (admitir) novos funcionários.
20. Quando vocês .... (partir) para Búzios?
21. Ela .... (traduzir) livros em espanhol, português e árabe.
22. Vocês .... (dividir) o apartamento com alguém? Sim, ... com nossos amigos.
23. .... (permitir-se) animais neste local? ...., sim.
24. Quando o portão está aberto, o cachorro .... (fugir) logo para a rua.

25. Todos .... (rir) das piadas que ele conta.
26. Aos sábados, eu .... (dormir) sempre até mais tarde.
27. Eles .... (vir) conosco até em casa.
28. Eu .... (ir) ao concerto com a Rita.
29. Senhoras e senhores, ... (pedir) a atenção de todos, por favor.
30. Ele .... (subir) nas árvores como um macaco!
31. Fale mais alto. Eu não .... (ouvir) nada!
32. A que horas é que você .... (sair) de casa?
33. No outono, as folhas .... (cair) e às árvores ficam nuas.
34. Quando um professor está doente, há sempre o outro que o .... (substituir).
35. Na noite de Natal, as pessoas .... (distribuir) os presentes.
36. A fábrica .... (construir) peças para automóveis.
37. Nós .... (contribuir) sempre com essa instituição de caridade.
38. Todos os anos, a escola .... (atribuir) um prêmio ao melhor aluno.
39. Estas crianças não têm cuidado nenhum com os brinquedos. .... (destruir) tudo!
40. Agradeço e .... (retribuir) os votos de Boas Festas.
41. Meu filho .... (constituir) a exceção à regra: não gosta de chocolate.
42. Você viu as manchetes dos jornais? "Chuvas torrenciais .... (destruir) plantações no sul do Brasil."
43. O André .... (distribuir) folhetos na entrada do metrô.
44. Com o dinheiro que ganha, ele .... (contribuir) para ajudar os pais a pagar a universidade

Verbos da 1ª, 2ª e 3ª conjugações.
1. Antônio .... (querer) ser médico.
2. No verão, ... (eu / regar) todos os dias.
3. A aula .... (começar) às 8:15.
4. Luís e Mauro .... (jogar) gol muito mal. Sempre .... (perder).
5. Os bancos .... (fechar) às 16:00 todos os dias.
6. .... (eu / pensar) muito nos meus amigos.
7. Alguns alunos .... (vir) muito à biblioteca da escola.
8. Antônia .... (não mentir) nunca. Sempre .... (dizer) a verdade.
9. Estou muito nervosa, porque .... (não conseguir) dormir.
10. Quanto .... (medir) uma girafa?
11. Às vezes .... (eu / dizer) muitas besteiras.
12. A que velocidade .... (voar) um avião?

14. Complete as perguntas e as respostas.
1. – Qual é a sua altura? – .... (eu / medir) 1,75 m.
2. – Quantas horas vocês .... (dormir)? – .... umas oito horas.
3. – .... (preferir) carne ou peixe? – .... peixe.
4. – A que horas .... (começar) a trabalhar? – .... às 9:00.
5. – Quem .... (lavar) e .... (enxugar) os pratos em sua casa? – Eu .... e .... os pratos em casa.
6. – O que você .... (querer) ser quando crescer? – .... ser arquiteto.
7. – A que horas você .... (voltar) à noite? – Normalmente .... lá pelas 10.
8. – Como você .... (vir) à faculdade? - .... de ônibus.

15. Observe as imagens. Complete com os verbos abaixo.
ENCONTRAR – CUSTAR – VIR – DIZER – SONHAR – MORDER – QUERER

1)
— Quanto .... essa camisa?
— 80 reais.

2)
— O que .... aquela placa?
— Não entendo nada.

3)
— Quando você .... seus amigos?
— Durante os fins de semana.

4)
O cachorrinho .... a bola.

5)
— O que vão beber?
— .... beber cerveja, por favor!

6)
— Eu .... à reunião de hoje à tarde. E você?
— Talvez.

7)
Minha filha caçula .... em pilotar aviões quando crescer.

16. Complete as conjugações no Presente do Indicativo.

DAR	Eu	Tu	Você / Ele / Ela / A gente....................
	Nós	Vocês	Eles / Elas ....

TRAZER	Eu	Tu	Você / Ele / Ela / A gente....................
	Nós	Vocês	Eles / Elas ....

FAZER	Eu	Tu	Você / Ele / Ela / A gente....................
	Nós	Vocês	Eles / Elas ....

DIZER	Eu	Tu	Você / Ele / Ela / A gente....................
	Nós	Vocês	Eles / Elas ....

PÔR	Eu	Tu	Você / Ele / Ela / A gente...................
	Nós	Vocês	Eles / Elas ....
CONHECER	Eu	Tu	Você / Ele / Ela / A gente...................
	Nós	Vocês	Eles / Elas ....
TRADUZIR	Eu	Tu	Você / Ele / Ela / A gente...................
	Nós	Vocês	Eles / Elas ....
SAIR	Eu	Tu	Você / Ele / Ela / A gente...................
	Nós	Vocês	Eles / Elas ....
OUVIR	Eu	Tu	Você / Ele / Ela / A gente...................
	Nós	Vocês	Eles / Elas ....
SENTIR	Eu	Tu	Você / Ele / Ela / A gente...................
	Nós	Vocês	Eles / Elas ....
MEDIR	Eu	Tu	Você / Ele / Ela / A gente...................
	Nós	Vocês	Eles / Elas ....
DISTRIBUIR	Eu	Tu	Você / Ele / Ela / A gente...................
	Nós	Vocês	Eles / Elas ....
DIVIDIR	Eu	Tu	Você / Ele / Ela / A gente...................
	Nós	Vocês	Eles / Elas ....
CONSTRUIR	Eu	Tu	Você / Ele / Ela / A gente...................
	Nós	Vocês	Eles / Elas ....
FUGIR	Eu	Tu	Você / Ele / Ela / A gente...................
	Nós	Vocês	Eles / Elas ....

17. Complete as frases com os verbos do quadro.

1. Guilherme não .... nadar.
2. Sou professor. .... aulas de Matemática.
3. Minha família .... à Fátima todos os anos.
4. Júlia é professora. .... aulas de Biologia.
5. As cegonhas .... seus ninhos em lugares altos.
6. (eu) .... o rádio quando acordo.
7. Meus pais .... uma viagem longa a cada dois anos.
8. Maurício não .... esquiar.
9. A maioria dos animais .... quando há perigo.
10. Sou tradutor. .... livros do francês para o português.

fugir
ir
ouvir
dar
dar
saber
saber
traduzir
fazer
fazer

18. Complete com os verbos abaixo.

DIRIGIR • CONHECER • DAR • FAZER • IR • SABER • SAIR • TER

1. – Você .... carta de habilitação? – Sim, mas não .... muito bem.
2. – Como você .... para chegar no trabalho? – Sempre .... de metrô.
3. – O que .... aos fins de semana? – .... com uns amigos.
4. – Você .... fazer caipirinha? – ...., sim. Mas não as .... muito bem.
5. – .... falar inglês? – Não, só .... falar espanhol.
6. – .... Belo Horizonte? – Não, ainda não ....
7. – Aonde você .... no verão? – Normalmente .... à praia.
8. – O que vocês .... aos domingos? – .... uma volta na cidade ou .... para dançar um pouco com nossos amigos.
9. – Vocês .... muito ao cinema? – .... duas ou três vezes por mês.
10. – Vocês .... a Espanha? – Sim, ... muito bem esse país. .... lá pelo menos duas vezes por ano com nossas amigas.
11. – Quando vocês ...., aonde ....? Às vezes .... compras, comemos e tomamos algo com nossos pais.
12. – Quantos anos o Henrique ...., hoje? – .... 26 anos.

19. Observe as cenas. Complete as frases com os verbos.

CUSTAR • ESTAR • FAZER • GOSTAR • IR • PODER • PROCURAR • SER

1)
— O que vocês ....?
— .... o endereço do nosso hotel.

2)
— A que horas .... o seu voo?
— Às 21:55.

3)
— O que ele .... fazendo?
— .... fazendo uma selfie.

4)
— Do que você ....?
— .... de tirar fotos.

5)
— Porque elas .... ginástica?
— Para ficar em forma.

6)
— Você .... anotar seu nome, por favor?
— ...., sim.

7)
— Aonde vocês .... no inverno?
— .... acampar nas montanhas.

8)
— Quanto .... esses paletós?
— 200 reais.

PREPOSIÇÕES (2)

1. Complete com as palavras do quadro ao lado.
1. Vou esperar por você .... cinco.
2. Agora estou trabalhando .... tarde.
3. Marta se levanta .... seis.
4. Eles nos ajudam .... fazer as malas.
5. Neste momento não posso falar .... você.
6. O sucesso desse trabalho depende .... nós.
7. Nádia vai chegar .... qualquer momento.
8. Minha prima vai casar-se .... um alemão.
9. Ele sempre sonha .... os amigos da infância.
10. Elisa e Armando se casam .... janeiro.
11. O carro está .... gasolina.
12. A festa acaba .... meia-noite.
13. Pedro Álvares Cabral chegou .... Brasil .... 1500.
14. Meu aniversário é .... verão.
15. Vamos almoçar .... Amália .... meio-dia.

às • de • com • no
à • em • com • a
à • sem • às • a
com • ao
em • com • ao

2. Complete com as palavras do quadro ao lado.
1. Ficarei em casa .... as 20:00.
2. Os grevistas começam .... falar ao mesmo tempo.
3. Esperamos que eles se lembrem .... nós.
4. Não gostamos muito .... falar com estranhos.
5. Meus pais viajam .... Austrália .... avião.
6. Não me sinto bem .... ontem.
7. Falamos com o professor .... nossa dificuldade.
8. De quem vocês falam .... tanto entusiasmo?
9. Eles trabalham .... muito gosto!
10. Você só pensa .... trabalhar.
11. .... gentileza, você pode me passar o sal?
12. Estou .... fome.
13. Gustavo mora .... Canadá .... 2007.
14. Eu tenho que acordar .... 7 horas.

para • de • em • de
desde • da • no • com
para • com • até • em
por • com • de • às
com • em • em • das
desde • desde • até • a

15. Domingo é dia de sair .... a família.
16. Estamos ansiosos .... rever nossos amigos.
17. Quanto vale um euro .... real?
18. Ela divide o bolo .... partes iguais.
19. Eles põem .... prática o que aprendem.
20. O médico consulta os pacientes .... 9 às 12.
21. Teresa viveu em Cuba .... 2011.
22. Amanda não me telefona .... o Natal.

3. Complete com *em, à, de, desde* e *até*.
1. Vivo .... Lisboa.
2. João é .... Madri.
3. Não consigo dormir .... ontem.
4. Na segunda, saimos .... férias.
5. Dê esse envelope .... sua mãe.
6. O lápis é .... madeira.
7. Viajamos .... trem.
8. Ele está aqui .... terça-feira passada.
9. Não sei .... quem é isso.
10. Estou em casa .... às cinco da tarde.

4. Circule a opção correta e reescreva as frases.
1. Seu irmão foi *[para] [até]* a praça e volta daqui a pouco.
   ....
2. Comprei um CD *[para] [por]* o meu pai.
   ....
3. Deixou as chaves *[em cima] [ao lado] [entre]* a mesa.
   ....
4. Esses últimos dias, estou trabalhando *[pela] [até] [durante]* a noite.
   ....
5. Trabalhei numa empresa francesa *[por] [até] [há]* o ano passado.
   ....
6. Henrique viveu na Alemanha *[de] [até] [durante]* 2003 *[de] [até] [durante]* 2017.
   ....
7. Márcia viveu na Áustria *[para] [até] [durante]* três anos.
   ....
8. Minha casa está *[na] [junto à]* saída do metrô.
   ....
9. A carne está muito dura. Não consigo cortá-la nem *[por] [com] [em]* uma faca.
   ....
10. Meus primos vivem na Austrália *[por] [há] [durante]* sete anos.
    ....

5. Faça frases substituindo os termos sublinhados pelo oposto.
À DIREITA – ATRÁS – EMBAIXO – SEM – LONGE – DEPOIS
1. O lugar onde trabalho fica perto da minha casa.
   ....
2. O carro da minha mãe está à esquerda do semáforo.
   ....
3. O concerto começa antes das 21:00.
   ....
4. A garota está em frente do cachorro.
   ....
5. A revista está em cima da mesa.
   ....
6. Eles estão com fome.
   ....

6. Complete as frases com *desde, a partir (de)* ou *até*.
1. Fique aqui .... a chuva parar.
2. Os bancos fecham .... das 16:00.
3. A greve vai durar .... o fim deste mês.
4. Meus pais moram neste bairro .... 1968.
5. O seu visto ficará pronto .... do dia 25 de abril.
6. O seu visto é válido somente .... o dia 25 de abril.
7. Trabalho nessa empresa .... o encerramento do meu contrato.
8. .... agora não aceitaremos mais cheques.
9. Espere-os aqui .... que eles voltem.
10. Esta fábrica produz cervejas .... 1920.
11. Os motoristas de ônibus estão em greve .... ontem.
12. .... quando o diretor não vem trabalhar? .... o começo do ano.
13. .... quando você tem que esperar o resultado?
14. Ela vive em outro apartamento .... o mês passado.
15. Eles já não vão à praia .... o último verão.
16. Ele não viu os pais .... a sua última viagem.
17. Os documentos estarão prontos .... da semana que vem.
18. O médico recebe os pacientes .... das 9:00.

7. Circule a opção correta para cada caso. Complete.
1. Venho   [até] [desde] [da]   .... casa do João.
2. Venha   [a] [de] [para]   .... minha casa hoje à noite!
3. Vocês vão   [para] [à] [nos]   .... Guimarães neste ano?
4. [Até aqui] [Desde aqui] [Daqui]   .... vemos o mar.
5. Gostaria de morar em Portugal   [até] [durante] [à]   .... uns dois anos.

6. Os bancos abrem   *[das] [às] [desde]*   .... 8 da manhã   *[até] [para] [à]*   .... as 4 da tarde.
7. Tenho muito trabalho. Estou ocupado   *[até] [na] [à]*   .... quinta-feira que vem.
8. *[Daqui] [Desde] [Durante]*   .... quanto tempo seus pais devem retornar? *[Daqui] [Desde] [Durante]*   .... duas semanas.
9. Estou com gripe   *[da] [pela] [desde a]*   .... semana passada.
10. Não olhe   *[até] [para] [à]*   .... baixo. Você pode ter náuseas.
11. *[De] [Desde] [Do]*   .... colégio   *[até] [desde] [da]*   .... minha casa, há mais de dez quilômetros.
12. Ânimo! Tens que chegar   *[até o] [desde o] [para o]*   .... final da corrida.
13. *[Até onde] [A partir de onde] [Aonde]*   .... eles têm que correr para terminar a corrida? *[Até a] [A partir da] [Na]*   .... árvore que está na esquina.

8. Complete com à *(ao, à, aos, às)*, de *(do, da, dos, das)*, para, até, desde, a partir (de).

Atenção! Em alguns casos podem haver múltiplas possibilidades de respostas.
1. Não chegamos a tempo .... estação.
2. Vocês nadam .... a outra margem.
3. Esse ônibus não vai .... o centro da cidade.
4. A viagem .... São Paulo .... Cuiabá é longa.
5. O Rio Tejo flue .... o Oeste.
6. Não nos vemos .... o verão passado.
7. .... ela ficar chateada, o problema deve ser muito sério.
8. Pedimos a opinião .... nossos vizinhos.
9. .... quando podemos matricular nossos filhos na escola?
10. No Brasil, as crianças voltam .... aulas em fevereiro.
11. .... quando você vive em Portugal?
12. .... quando você vai estar em casa?

9. Complete as frases com: *sobre*, *em* ou *entre*.

1. Há um porta-retrato .... o piano.
2. Viviane está .... seu tio e sua avó.
3. Lisboa é .... Portugal.
4. Há uma banca de jornais .... o banco e a sorveteria.
5. Há muitas nuvens .... o aeroporto.
6. Costa Rica está .... Nicarágua e Panamá.
7. Tel-Aviv fica .... Israel.
8. Meu namorado vai morar .... Nova Iorque.

10. Ligue as frases utilizando as preposições adequadas.

1. Acordo sempre
2. Aos domingos, só trabalho
3. Meu aniversário é no dia 31
4. Osvaldo nasceu
5. Você podem ficar
6. Venha
7. Desculpe, não posso sair
8. Meus avós vivem nessa casa

```
às
até
com
de
desde
em
para
```

a) a minha casa!
b) você, hoje.
c) outubro.
d) que se casaram.
e) 1985.
f) 9:00 em ponto.
g) amanhã.
h) manhã

1. *Acordo sempre às 9:00 em ponto.*
2.
3.
4.
5.
6.
7.
8.

11. Complete as frases com as preposições à, de, em ou sobre.

1. Sabe costurar .... máquina?
2. Estela vai às aulas .... alemão.
3. Armando é .... Cuba.
4. Meu avô sempre confeccionava paletós .... medida.
5. Eu adoro torta .... morango.
6. Algumas cidades têm muitos problemas .... trânsito.
7. Não me sinto .... vontade com esses sapatos.
8. Estou lendo um livro .... um escritor português.
9. Acredito que Antônio e Marta tenham se casado .... secreto.

12. Complete as frases com as preposições à, de, em ou sobre e as palavras do quadro ao lado.

1. Amanhã tenho uma entrevista *de trabalho*
2. Gosto muito de andar .... na fazenda.
3. Copie os exercícios ....
4. Laila sempre vem à universidade ....
5. João, as suas aulas começam ....
6. Quem é a menina ....?
7. Eles chegam ....
8. Estou lendo uma revista...

```
ônibus
10 horas
economia
t̶r̶a̶b̶a̶l̶h̶o̶
cavalo
lápis
março
olhos azuis
```

13. Circule a palavra correta para cada caso. Complete.
1. Quero te parabenizar   [por o] [para o] [pelo]   .... seu trabalho.
2. Precisamos comprar comida   [por o] [para o] [pelo]   .... almoço de domingo que vem.
3. Comprei uma blusa linda   [por] [para] [em]   .... oitenta reais.
4. [Para] [Por] [Pelo]   .... quem é isto?
5. Este quadro foi pintado   [para] [por] [pelo]   .... Dalí. (existem duas possibilidades de respostas)
6. Não pudemos sair   [para] [por] [pela]   .... causa do frio.
7. Não saí ontem   [para] [por] [pela]   .... sua culpa.
8. Não temos as instruções   [para] [por] [pelo]   .... instalar o aparelho.
9. Esta faca serve   [para] [por] [pelos]   .... cortar legumes.
10. Estou saindo   [para o] [por o] [pelo]   .... trabalho.
11. Esta obra de arte foi feita   [para] [por] [pelo]   .... um menino de 8 anos.
12. Vou te passar essas informações   [para] [por] [pelo] .... telefone.
13. Ele vai estudar no estrangeiro   [para] [por] [pelos]   .... seis meses.
14. Vou ao acupunturista duas vezes   [para] [por] [pela]   .... semana.

14. Ligue as frases com as preposições adequadas.

1. Vou pedir um café
2. Você não pode sair
3. Você gosta de batatas
4. Não posso cortar isso
5. Eles são
6. Não podemos pintar o teto
7. É perigoso dirigir

com

sem

contra

a. a minha permissão.
b. a pena de morte.
c. carne?
d. carteira de habilitação.
e. esse tipo de tinta.
f. leite
g. uma tesoura.

1. ....
2. ....
3. ....
4. ....
5. ....
6. ....
7. ....

15. Complete as frases com:
POR – PARA – SEM – COM – CONTRA – DE ACORDO COM
1. Enrique e Érica vivem ainda .... os pais deles.
2. Não consigo acender o fogo .... isto.
3. Tenho poucos remédios .... dores musculares.
4. Gostaria de inventar uma máquina .... estender roupas.
5. Isto é um delito ou está .... a lei?
6. Carlos não viajou para o México .... os pais dele.
7. Fernando convidou a Lúcia para a festa .... minha vontade.
8. Nenhuma equipe ganha quando joga .... esse time campeão.

16. Complete utilizando as preposições e as palavras abaixo.

com • contra
para • por • sem

- a febre-amarela
- agasalho
- um dicionário
- e-mail
- essa equipe
- o nosso quarto
- os braços
- uma tesoura

1. Você vai receber todos os documentos ....
2. É difícil fazer essa tradução ....
3. É preciso comprar cortinas ....
4. Temos que ganhar o campeonato ....
5. Ele recorta os papéis ....
6. Martim faz gestos ....
7. Está muito frio. Não saia ....
8. Eles estão pesquisando uma nova vacina ....

ADVÉRBIOS.
1. Complete com *aqui, cá, aí* ou *ali*.
1. Aquele .... é o meu carro.
2. — Esse .... é o seu caderno? — Não, o meu caderno é este ....
3. Aquelas senhoras .... são minhas tias.
4. ...., em Portugal, os salários são mais baixos que na França.
5. — Onde está o celular? — Está nessa gaveta ....
6. ...., em São Paulo, a vida passa muito rápido!
7. Onde os seus filhos estudam? ...., no Brasil, ou ...., nos Estados Unidos?
8. Só recebemos estas coisas ....

AS HORAS, A DURAÇÃO E O CALENDÁRIO.

1. Leia a programação desses canais brasileiros. Em seguida, faça perguntas ao seu colega conforme os exemplos.

SÁBADO – 8 DE JULHO

08:50	Mais Você	08:30	Mundo Disney	08:55	Fala Brasil
10:07	Bem Estar	10:30	Bom Dia & Cia	10:00	Hoje em Dia
10:45	Encontro	13:45	Fofocando	12:00	Balanço Geral
12:00	Praça TV	14:45	Casos de Família	14:45	Amores e Intrigas
12:47	Globo Esporte	15:45	A Usurpadora	15:45	Vidas em Jogo
13:20	Jornal Hoje	16:30	Querida Inimiga	18:45	Cidade Alerta
14:00	Vídeo Show	17:15	Lágrimas de Amor	19:40	Escrava Mãe
15:15	Sessão da Tarde	18:30	A Gata	20:40	A Terra Prometida

Exemplos:
- ✓ A que horas começa o "Praça TV"?   – *Ao meio-dia.*
- ✓ A que horas termina "Fofocando"?   – *Às quinze para as duas da tarde.*
- ✓ "Vidas em Jogo" é a que horas?   – *É às quinze para as quatro da tarde.*
- ✓ Quando começa / termina ...?

1. ....? – *Às dez e meia da manhã.*
2. ....? – *É às três e quinze.*
3. A que horas termina "Querida Inimiga" no SBT? – ....
4. ....? – *Ao meio-dia, na Rede Globo.*
5. ....? – ....
6. A que horas começa "Sessão da Tarde"? – ....
7. ....? – ....
8. ....? – ....
9. "Lágrimas de Amor" é a que horas? – ....
10. ....? – *Ao meio-dia, na TV Record.*
11. ....? – ....
12. "A Gata" começa a que horas? – ....
13. ....? – *Às vinte para as nove.*
14. ....? – *Às quatorze.*
15. Quando começa ....? – ....
16. ....? – *Às doze e quarenta e sete.*
17. Quando termina ....? – ....
18. ....? – ....
19. ....? – ....
20. ....? – ....

2. Examine esses anúncios. Identifique o tipo de espetáculo.
1. Seminário e debates.
2. Oficina literária
3. Peça de teatro
4. Show

Responda:
a) Que dia é o show do Skank?
....
....

b) O show vai começar a que horas?
....
....

c) Durante quais dias as pessoas vão poder participar do seminário? A que horas acontece?
....
....

d) Quando será o 5° Sarau Literário?
....
....

e) Durante quais dias a peça Chão de Água estará em cartaz? Quais são os horários?
....
....

3. Escolha um desses espetáculos e encontros. Convide seu amigo para ir com você. Combinem a data e o horário.

Você pode utilizar as seguintes frases:

• Você gosta?
 • Vamos...?
 • Oi, você quer ir...?
 • Você pode ir...?
 • Olá, estou pensando em ir... . Quer ir comigo?
	• Que dia?
	 • A que horas?
	 • Combinado! / Excelente ideia!
	 • Desculpe,
	   Que pena! ⎱ já tenho outro compromisso.
	   Infelizmente ⎰
	 • Tudo bem.

4. Escreva um e-mail convidando seu amigo para ir assistir a um desses espetáculos. Pergunte-lhe por sua disponibilidade, lugar de encontro, horários, etc.

Olá, _____ !

_____
_____
_____

Até mais!

_____

5. Desenvolva os diálogos abaixo seguindo os exemplos.

DIÁLOGO 1

- ir ao cinema / amanhã às 7:00 da noite.
- ir ao dentista / amanhã às 8:00 da noite.

— *Estou pensando em ir ao cinema amanhã às 7 da noite. Topa ir comigo?*
— *Desculpe, mas estou ocupado. Tenho que ir ao dentista amanhã às 8 da noite.*

- comer no restaurante / sábado às 21:00.
- ir ao teatro com os amigos / sábado às 21:30.
....
....

- ver a exposição de Dalí / quarta às 3 da tarde.
- visitar a amiga / quarta às 2:30 da tarde.
....
....

DIÁLOGO 2

- amanhã à noite / jantar às 19 horas.
- ver um filme com o Paulo
    — *O que você vai fazer amanhã à noite? Posso te pegar para jantar às 19 horas?*
    — *Que pena! Amanhã à noite, infelizmente, não posso. Vou ver um filme com o Paulo.*

- domingo de manhã / andar de bicicleta às 8.
- fazer piquenique bem cedinho com a família.
    ....
    ....
    ....
    ....

- sexta à tarde / acampar na praia por 2 dias.
- fazer churrasco com o pessoal da empresa.
    ....
    ....
    ....
    ....

- sexta / comer comida japonesa às 8 da noite.
- ver o campeonato de futebol em casa.
    ....
    ....
    ....
    ....

DIÁLOGO 3

- sexta às 5.
- não posso / estar no trabalho.
    — *Eu sei que lhe devo uma visita. Que tal sexta às cinco? Você vai estar em casa?*
    — *Não posso. Vou estar no trabalho.*

- quinta / às 7 da noite depois do trabalho.
- tudo bem / estar em casa.
    ....
    ....
    ....
    ....

- sábado / umas 3 da tarde.
- ótima ideia / preparar um chá quando você chegar.
    ....
    ....
    ....

- terça / ao meio-dia.
- não vai dar / almoçar com o chefe.

....
....

<u>DIÁLOGO 4</u>

- entrevista / quinta-feira.
- às 14 horas.

— *Olá! Sim, posso fazer a entrevista nesta quinta-feira. Vai ser a que horas?*
— *Sua entrevista está marcada para quinta-feira às 14 horas.*
— *Combinado.*

- consulta / segunda-feira.
- às 17:30.

....
....
....
....
....

6. Descreva oralmente as atividades realizadas por Fernando e Rita. Em seguida, responda às perguntas.

	FERNANDO	RITA
- levantar-se	05:50	06:45
- tomar banho	06:00	07:00
- vestir-se	06:15	07:15
- tomar café da manhã	06:25	07:20
- tomar o ônibus	06:35	07:30
- chegar no trabalho	07:00	08:30
- almoçar	11:30	13:00
- terminar o trabalho	17:30	16:00
- chegar em casa	18:30	17:15
- preparar o jantar	19:00	20:30
- jantar	19:30	20:45
- ver televisão	20:00	21:00
- deitar-se	21:30	22:30

a) A que horas o Fernando se levanta?
....

b) O que a Rita faz às 13 horas?
....

c) Quando Fernando e Rita chegam no trabalho?
....

d) A que horas Rita almoça?
....

e) O que Fernando faz às 20 horas?
....

f) Fernando vê televisão às 21 horas? A que horas?
....

g) A que horas Rita janta?
....

h) Quem chega em casa às 17:15?
....

i) Quem toma ônibus às 6:35?
....

7. Faça perguntas ao seu amigo. Anote as respostas. Em seguida, descreva as duas rotinas.

	VOCÊ	SEU AMIGO
- levantar-se		
- tomar banho		
- vestir-se		
- tomar café da manhã		
- tomar o ônibus		
- chegar no trabalho		
- almoçar		
- terminar o trabalho		
- chegar em casa		
- preparar o jantar		
- jantar		
- ver televisão		
- deitar-se		

8. Com base no exercício anterior, escreva um pequeno texto contando a sua rotina e a do seu amigo.

Minha rotina

A rotina do meu amigo

9. Observe os relógios e diga que horas são nessas cidades.

Curitiba   Rio   Cuiabá   Brasília   Recife   São Paulo

a) Que horas são em Curitiba? *Em Curitiba, são duas horas.*
b) Que horas são em Brasília?
c) Que horas são no Rio de Janeiro
d) Que horas são em Cuiabá?
e) Que horas são em São Paulo?
f) Que horas são em Recife?

VERBOS (2).

1. Responda às perguntas e anote suas respostas no quadro. Depois, faça perguntas ao seu amigo. Anote as respostas dele e depois leia-as para a classe.

		às segundas-feiras	aos sábados
1. A que horas você se levanta?	Você		
	Seu amigo		
2. A que horas você toma café da manhã?	Você		
	Seu amigo		
3. A que horas você sai para o trabalho?	Você		
	Seu amigo		
4. A que horas você almoça?	Você		
	Seu amigo		
5. A que horas você volta para casa?	Você		
	Seu amigo		
6. A que horas você assiste televisão?	Você		
	Seu amigo		
7. A que horas você se deita?	Você		
	Seu amigo		

2. Observe o quadro de horários de chegada e partida dos voos no Aeroporto Internacional. Faça perguntas ao seu colega de acordo com os exemplos abaixo.

CHEGADAS			
Cia	Voo	Prev	Origem/Escalas
TAM	3726	00:07	Paris
ALITALIA	7425	00:15	Roma
IBÉRIA	7538	00:45	Barcelona

PARTIDAS					
Hora	Destino	Cia	Voo	Portão	Obs.
08:57	Buenos Aires	GOL	7684	16	Decolando
09:07	Bogotá	LAN	0249	75	Embarque
09:15	Paris	TAM	0534	25	Check-in
09:45	Montevideo	GOL	7845	39	Check-in

A que horas chega o voo...?
A que horas sai o voo...?
Qual o horário de chegada?
Qual o horário de partida?

Anote as perguntas e as respostas no seu caderno.

3. Complete as frases com os verbos dos parênteses.

17. Artur .... às oito. (levantar-se)
18. Lara e Miguel .... às oito e meia. (levantar-se)
19. Geraldo .... com os filhos. (preocupar-se)
20. As crianças .... para jantar. (sentar-se)
21. Meu filho .... com uma faca. (cortar-se)
22. José .... todos os dias. (barbear-se)
23. Suzana .... algumas vezes. (chatear-se)
24. Pedro e eu .... muito nas festas. (divertir-se)
25. Eles .... com o ferro. (ferir-se)
26. (eu) .... elegantemente quando vou ao escritório. (vestir-se)
27. Eu .... cansado. (sentir-se)
28. Nós .... de índio. (pintar-se)
29. Xavier .... com um sabão antialérgico. (lavar-se)
30. Ele sempre .... na nossa conversa. (intrometer-se)
31. Eles não .... da viagem. (lembrar-se)
32. Meus pais .... na rede. (deitar-se)
33. Você nunca .... para a reunião. (barbear-se)

4. Responda livremente às perguntas, seguindo o modelo.

— Você se levanta cedo ou tarde aos sábados?

— *Aos sábados, me levanto tarde.*

1. — Você se levanta mais cedo ou mais tarde aos domingos de manhã?
— ....
2. — Você se veste rapidamente ou devagar?
— ....
3. — Você se deita antes ou depois da meia-noite?
— ....
4. — Você dorme facilmente ou com dificuldade?
— ....
5. — Você se lembra dos seus sonhos? Às vezes? Sempre?
— ....
6. — Você se maquia antes de sair para o trabalho?
— ....
7. — Você se barbeia todos os dias? Um dia sim, outro não?
— ....
8. — Você se cobre nos dias frios? Às vezes? Sempre?
— ....

5. Complete as frases conforme o modelo.

— O Paulo se levanta *cedo*.
— E o Pedro? (tarde)
— *O Pedro se levanta tarde.*

1. — Nós nos deitamos à meia-noite aos sábados.
   — E os seus filhos? *(lá pelas oito e meia da noite)*
   — *Nossos filhos* ....

2. — Minha filha se perfuma com "Angel".
   — E o seu filho? *("One million")*
   — *Ele* ....

3. — Ana Beatriz sempre se veste de preto.
   — E a Fernanda? *(vermelho)*
   — *Ela* ....

4. — O meu pai se barbeia todos os dias.
   — E o seu irmão mais velho? *(um dia sim, outro não)*
   — ....

5. — A minha mãe se maquia antes de sair para o trabalho.
   — E a sua mãe? *(nunca)*
   — ....

6. Escreva três frases para cada imagem.

lavar-se

1.
2.
3.

apaixonar-se

1.
2.
3.

olhar-se

1.
2.
3.

7. Coloque essas frases em ordem.
1. por causa do / consigo / barulho. / Às vezes / não / dormir /
   ....
2. para as / As mães / no / compram / crianças / presentes / Natal. /
   ....
3. sempre / às / caras / oferecem / Eles / professoras. / flores /
   ....
4. melhorar / esses exercícios / leitura. / Proponho-lhe / para / a sua /
   ....
5. responder / Não / às / sei / perguntas. /
   ....
6. chegam / sabes / eles / jantar? / Já / a que horas / para o /
   ....

ADVÉRBIOS (2)
1. Escolha a palavra correta para completar as frases.
1. Estou me sentindo muito [mal / mau].
2. Não fale assim! Você está sendo [mal / mau].
3. Ela não imagina o [mal / mau] que ela me faz.
4. Ela é uma pessoa que vive sempre de [mal / mau] humor.
5. Fui [mal / mau] na prova.
6. [Mal / Mau] saí do hospital, já estavam esperando por mim do outro lado da rua.
7. Você é um [mal / mau] amigo.
8. Ele é um [mal / mau] elemento, pois distorce as verdades.
9. A seleção argentina joga muito [mal / mau].
10. Ele está sempre de [mal / mau] humor.
11. Eles dirigem muito [mal / mau].
12. Você canta muito [mal / mau]!
13. [Mal / Mau] cheguei em casa, o telefone tocou.
14. Seu [mal / mau] não tem cura.

2. Complete as frases com as expressões do quadro. Em alguns casos há mais de uma possibilidade de resposta.

nunca	quase nunca	com frequência	às vezes	frequentemente
normalmente	quase sempre	sempre	de vez em quando	

1. .... saio com a Luciana. Agora moramos muito longe.
2. ...., costumo jantar em casa.
3. Me levanto .... às sete. Gosto de madrugar.
4. Vamos .... ao cinema, duas ou três vezes por mês.

5. .... me deito depois das dez. Não consigo dormir antes.
6. Meus pais viajam ...., uma ou duas vezes por ano.
7. — Você vê .... a Lola? — .... A última vez foi há três meses.
8. Viajo .... para a Argentina. Tenho muitos parentes e gosto muito de visitá-los.

3. Reescreva as frases utilizando os termos dos parênteses.

Exemplo = • Vou ao shopping center. (nunca)
• *Nunca vou ao shopping center.*

1. Vou ao cinema. (nunca)
2. Saio à noite. (quase nunca)
3. Lara viaja de carro. (quase sempre)
4. Assistimos televisão. (de vez em quando)
5. Daniela me telefona. (às vezes)
6. Falo com eles. (todos os dias)

4. Ordene essas expressões de maior à menor frequência.

- todos os dias
- uma vez por semana
- um dia por mês
- às segundas-feiras
- a cada dois dias
- duas vezes por ano
- a cada quinze dias

5. Reescreva as frases com as expressões de frequência correspondentes.

1. [janeiro*, fevereiro*]   Saímos para jantar com nossos amigos.
   ....
2. [terça-feira, terça-feira, terça-feira...]   Temos aulas de espanhol.
   ....
3. [D S T ⊗ Q S S]   Vou à academia.
   ....
4. [2014, 2015, 2016...]   Passamos as férias em Recife.
   ....
5. [Março**, Abril**...]   Helena tem que ir ao médico.
   ....
6. [S D, S D, S D...]   Viajamos para Guarujá.
   ....

6. Escreva frases utilizando os advérbios.

1. Márcia trabalha...
2. Eles falam português...
3. O deputado falam...
4. Eles apoiam...
5. A polícia procura...
6. É...
7. Os agricultores têm...
8. Os professores ganham...
9. A lei é

```
bastante
muita
muitas
muito
muitos
pouco
```

apoio do governo.
bem.
difícil.
essa ideia.
horas.
inteligente.
pouco.
provas.
rígida.

1.
2.
3.
4.
5.
6.
7.
8.
9.

7. Coloque as frases em ordem.

1. muito / cozinha / bem. / Fábio /
2. são / irmão / diferentes. / seu / Júlia / bastante / e /
3. pouco / Este / difícil. / é / um / exercício /
4. carinhosa. / é / Suzana / pouco /
5. demais. / hotel / caro / é / Este /
6. egoísta. / não / é / Clara / nada /
7. um / são / Eles / tímidos. / pouco /
8. muito / Às vezes / Bianca / trabalha / tarde. /
9. bastante / pensa / na / Ernesto / mãe.
10. muito / Natália / para / estuda / as provas. / pouco /
11. é / demais. / ônibus / lento / Este /
12. demais. / é / dorme / Felipe / e / dorminhoco /

8. Complete com *um pouco*, *(o) bastante*, *demais*, *muito*, *de jeito nenhum* ou *pouco*.

1. Arnaldo estuda ....: seis horas por dia.
2. Este carro corre .... Não passa dos cinquenta quilômetros por hora.
3. Victor não sai .... Nunca está em casa. Nunca estuda ....
4. Reginaldo e eu nos vemos ...., quase todas as semanas.
5. Fale .... sobre você.
6. Preciso tomar algum remédio. Estou com .... de dor de cabeça.
7. Durante a reunião, o chefe falou muito .... do aumento de salários.
8. Vera não gosta .... de inverno.
9. David ajuda .... seus pais, mas não ....
10. A diretora quer conhecer .... melhor o estagiário.
11. Meu pai pratica .... esporte. Frequenta todos os dias para a musculação.
12. No momento estou trabalhando .... Tenho que procurar mais trabalho.
13. Maria não estuda .... Vai mal todos os exames.

9. Circule a forma correta em cada caso.

1. Adoro esse romance. É extraordinário. É   [muito / pouco]   bom.
2. Não consigo ouvir nada. A música está   [pouco / bastante]   alta.
3. Rogério não é   [pouco / nada]   alegre. Nunca quer se divertir.
4. Este livro não é   [muito / demais]   caro. Só custa vinte e cinco reais.
5. Miguel é sincero   [muito / demais]. Às vezes, é melhor não dizer toda a verdade.
6. Sara se dá   [muito / bastante / demais / pouco]   bem com a irmã dela. Ajudam-se sempre.
7. Está   [demais / um pouco]   tarde. Deveríamos ir agora.
8. Tomás não é   [muito / pouco]   carinhoso. Nunca dá um beijo em sua namorada.
9. Ricardo está   [muito / um pouco]   fora de forma. O médico lhe recomenda exercícios físicos.
10. Ontem estive com Regina e a achei   [muito / nada]   irritada. Não parava de reclamar.

10. Reescreva as frases trocando as palavras sublinhadas por expressões do quadro.

com grande intensidade	muitíssimos
demasiadamente	repetidas vezes
em excesso	suficiente
grande quantia em dinheiro	insuficiente

1. Choveu muito esta noite. ....
2. Ele dorme muito. ....
3. Ele fala bastante. ....
4. Fui na livraria e comprei muitos livros. ....
5. Há bastante comida na geladeira. ....
6. Minha família sempre teve muito. ....
7. O chefe viaja muito para Paris. ....
8. Eles pagam é muito pouco. ....

11. Reescreva as frases trocando as definições sublinhadas pelas palavras do quadro.

bastantes	os demais	demais	pouco
muito	pouco	bastante	bastante
pouco	demasiadamente	demasiado	demasiadamente

1. A comida tem <u>uma grande quantidade indefinida de</u> sal.
....
2. A sopa tem <u>uma pequena quantidade de</u> sal.
....
3. Eles chegaram há <u>curto período de tempo</u>.
....
4. Hoje está <u>indica uma grande quantidade ou intensidade</u> calor.
....
5. Já comemos <u>uma quantidade suficiente</u>.
....
6. O menino fala <u>para além da medida ou da intensidade considerada normal</u>.
....
7. O preço da gasolina subiu <u>de maneira exagerada</u>.
....
8. Os funcionários dão provas <u>satisfatórias</u> do desempenho deles.
....
9. Os preços são <u>excessivamente</u> altos.
....
10. Os usuários da biblioteca devem falar baixo e não perturbar <u>as outras pessoas</u>.
....
11. Recebi o pagamento <u>muitíssimo</u> tarde.
....
12. Vou <u>raramente</u> ao cinema.
....

12. Reescreva frases substituindo as palavras.

agradabilíssimo	macérrima / magríssima	boníssimo
feíssimo	antiquíssimo	crudelíssimo
fidelíssimo	dificílimos	paupérrimos
péssima	amabilíssimos	baixíssimos
simpaticíssimo	dulcíssima	fragílima
pequeníssimo	nobilíssimos	

1. A empresa paga salários <u>muito baixos</u> aos seus empregados.
....
2. A menina é <u>muito magra</u>.
....
3. A voz dela é <u>muito agradável</u>.
....
4. Aquela professora é <u>muito ruim</u>.
....

5. Aquele ditador é muito cruel.

6. Ela mora num bairro muito antigo.

7. Ele têm sentimentos muito nobres.

8. Esta torta é muito doce.

9. O apartamento é muito pequeno.

10. O apresentador do programa é muito simpático.

11. O bolo que a Emília faz é sempre muito bom.

12. O cão é um animal muito fiel.

13. O marido dela é muito feio.

14. Os exercícios que o professor nos deu são muito difíceis.

15. Os habitantes daquela cidade são muito pobres.

16. Os meus alunos são muito amáveis.

17. Tome cuidado! Esta bandeja é muito frágil.

13. Reescreva as frases acrescentando a palavra *muito*.

1. Este sorvete é bom.   *Este sorvete é muito bom.*

2. Estela dorme bem.

3. Minha casa é longe do centro.

4. Régis sabe fazer uma boa lasanha.

5. A receita deste bolo é fácil.

6. Você se parece com o seu pai.

7. Fazer exercícios físicos é bom.

8. João chega sempre tarde em casa.

9. Helena e Tiago gastam pouco.

10. Sônia e eu passamos boas férias.

111

14. Assinale a alternativa correta.

1. Henrique tem .... irmãos.
a) muito b) muitos c) muita d) muitas

2. Maria Eduarda mora .... longe.
a) muito b) pouco c) bastantes d) muitas

3. O céu está estrelado! Hoje há .... estrelas no céu.
a) muitas b) muito c) pouco d) poucas

4. Não gosto do Marcos. É orgulhoso ....
a) muito b) demasiado c) muitos d) demais

5. Resta .... cerveja na geladeira. Temos que comprar mais.
a) pouco b) pouca c) poucas d) poucos

6. Você comprou frutas ....
a) muitas b) poucas c) em excesso d) excessivas

7. Fernando sai .... com os amigos. Fica em casa estudando ....
a) pouco – pouco c) pouquíssimo – muito
b) pouco – um pouco d) pouquíssimo – pouquíssimo

8. Vi este filme .... vezes.
a) muitos b) muitas c) pouco d) muito pouco

9. Eles chegam cedo .... ao espetáculo.
a) muitos b) em excesso c) demais d) muito

15. Substitua as expressões sublinhadas por outra com –íssimo.

1. A gente tem uma sintonia muito boa. ....
2. As alunas são muito amáveis. ....
3. Ele explica melhor a lição. ....
4. Esses quadros são muito antigos. ....
5. Este artigo é muito interessante. ....
6. Ganhamos muito pouco. ....
7. Ninguém é simpático. ....
8. Nossos filhos são muito amigos. ....
9. Olga é uma pessoa muito desagradável. ....
10. Os alunos são muito educados e atenciosos. ....
11. Roberto é muito curioso. ....
12. Seus primos são muito fortes. ....
13. Sônia caminha desconfiada. ....
14. Vocês são muito jovens para constituir família. ....

VERBOS (3)
1. Reescreva as frases substituindo as partes em itálico pelas formas conjugadas do verbo *pôr*, *saber*, *querer* e *poder*.
1. *Deixo* as chaves em cima da mesa. ....
2. *Tenho intenção de* viajar no ano que vem. ....
3. Meus primos *possuem muitos conhecimentos em* matemática. ....
4. – Onde vocês *colocam* as frutas? – Na geladeira. ....
5. Os jovens *ignoram* o perigo. ....
6. Eles *têm muita vontade de* conhecer Paris. ....
7. Elas *têm possibilidade de* mudar os horários? ....
8. As abelhas *são capazes de* produzir seu próprio alimento. ....
9. Eles *depositam* o dinheiro no banco. ....
10. *Não tenho oportunidade de* falar com ele. ....
11. *Não ignoramos* esta hipótese. ....
12. Você *consegue* fazer isso? ....
13. Sabina *emprega* corretamente os acentos nas palavras em português. ....
14. Você *está sujeito a* cair se não prestar atenção. ....
15. As secretárias *têm muita experiência em* contabilidade. ....
16. O professor *exige* que os alunos façam silêncio. ....
17. As alunas *não tem permissão para* sair. ....
18. *Não estou autorizado a* falar com estranhos. ....
19. *Não estão autorizados a* falar com jornalistas. ....
20. *Tenho consciência* disso. ....
21. O governo *estabelece* novas regras. ....
22. Você *não tem o direito de* fazer isso. ....
23. A ponte *tem capacidade para* suportar até 5 toneladas. ....
24. Os alunos *escrevem* essas frases no futuro. ....

2. Conjugue as pessoas com as formas dos verbos *pôr*, *saber*, *querer* e *poder*.

	SABER	PÔR	QUERER	PODER
Nós	*sabemos*			
Eu				
A gente		*põe*		
Eles				
Você			*quer*	
As senhoras				
Tu				
Elas				
Vocês				
O senhor				*pode*
Ele				

EXPRESSÕES DE LUGAR

1. Forme frases conforme o modelo.
1. Deixar – em cima da mesa. *Deixo as chaves em cima da mesa.* ......
2. Guardar – os brinquedos – embaixo de – a cama. ......
3. O paletó – dentro de – o armário. ......
4. Deixar – o leite – fora de – a geladeira. ......
5. Morar – perto de – centro da cidade. ......
6. O estádio – ficar – longe de. ......
7. André – em frente de – um parque. ......
8. Uma papelaria – ao lado de – a banco. ......
9. Muitas árvores – ao redor de – a praça. ......
10. Muitas crianças – ao redor de – a piscina. ......
11. Um banco – em frente de – a loja. ......

2. Diga onde estão os objetos utilizando as palavras do quadro.
1. bola – caixa: *A bola está dentro da caixa.*
2. computador – mesa: ......
3. bermuda – guarda-roupa: ......
4. talheres – gaveta: ......
5. meu trabalho – casa: ......
6. loja – farmácia: ......
7. avenida – parque: ......

> ao lado de
> ~~dentro de (1)~~
> dentro de (2)
> em cima de
> fora de
> longe de
> perto de

3. Reproduza frases de acordo com o exemplo.

> a enfermeira – a zebra – ao redor de – as caixas
> longe de – o caderno – ~~o caminhão~~ – o cão – os alunos

1. O ônibus – estar parado – ao lado de – ★ = *O ônibus está parado ao lado do caminhão.*
2. ★ – estar dormindo – dentro de – casinha = ...
3. O médico – estar em pé – à esquerda de – ★ = ...
4. ★ – estar sentados – à direita de – o professor = ...
5. As pessoas – estar – ★ – o lago = ...
6. O camelo – estar comendo – perto de – ★ = ...
7. Ela – morar – ★ – o trabalho = ...
8. Eu – pôr – a caneta – embaixo de – ★ = ...
9. Eles – pôr – ★ – em cima de – o armário = ...

4. Desenvolva as seguintes frases, mas mantendo o sentido.
1. Eles preferem estacionar o carro perto do ...., porque ....
2. Onde você está? Estou dentro ....
3. A clínica fica à esquerda, ao lado ....
4. O estacionamento está lotado. É melhor .... fora daqui.
5. – A farmácia fica muito ....? – Não, fica .... da escola.
6. Você e sua família moram à esquerda ou à ....?
7. Aos finais de semana, as .... ao redor do ....
8. Os .... estão dentro ...., em cima ....
9. As garrafas estão fora................................, embaixo ....

CONTRAÇÕES E DEMONSTRATIVOS
1. Empregue as contrações com os demonstrativos.
1. Nunca vamos à aquele àquele restaurante com nosso amigos.
2. Acreditamos *em isto* ....
3. Duvido *de essas* .... coisas.
4. É proibido fumar *em este* .... local.
5. Ele fala *de esses* .... projetos.
6. – Vocês sempre vão *à aquela* .... discoteca? – Vamos.
7. Ele nos lembra *de aquelas* .... viagens.
8. Eles desconfiam *de essa* .... nova política do governo.
9. – Você dá aulas de português *à aqueles* .... alunos? – Dou.
10. *Em aquela* .... casa não se fala de política.
11. Meus filhos ingressam *em aquela* .... universidade.
12. Meus sobrinhos estudam *em essa* .... escola.
13. Acredito *em este* .... candidato.
14. – Precisas *de estas* .... ferramentas? – Preciso.
15. Meus vizinhos falam *de esse* .... assunto.
16. Não acredito *em essas* .... coisas
17. Não compareço *à aquela* .... reunião.
18. Necessitamos *de esses* .... documentos.
19. – Você respondeu *à aquele* .... questionário? – Respondi.
20. O médico recomenda muito repouso *à aquelas* .... patientes.

21. – Gostas *de esta* ou *de aquelas* .... frutas? – *De aquelas*. ....
22. – O que há *em aquela* .... caixa? – Nada.
23. Vocês não obedecem *à aquelas* .... professoras.

2. Reescreva as frases corrigindo-as.
1. O chefe empresta dinheiro *à aquele* funcionário.
O chefe empresta dinheiro àquele funcionário.
2. Os policiais comunicam as novas leis de trânsito *à aqueles* agentes.
....
3. Eles influenciam a juventude *em essas* escolhas.
....
4. Agradecemos a visita *à aqueles* vizinhos
....
5. Pagamos uma quantia alta *à aquele* banco.
....
6. Ele perdoa *à aqueles* vizinhos pelo barulho excessivo.
....
7. Preciso informar isso *à aqueles* jornalistas.
....
8. Geralmente oferece ajuda *à aqueles* colegas.
....
9. A vítima conta tudo *à aquele* juiz.
....
10. Vou dar um presente *à aqueles* meninos pobres.
....
11. Nunca aconselham *à aqueles* clientes.
....
12. Sempre devolvem os produtos *à aqueles* fabricantes.
....
13. A secretária entrega os documentos *à aquele* contador.
....
14. Ensinamos muitas coisas *à aqueles* alunos.
....

3. Recrie frases colocando as palavras sugeridas em contexto.
1. Eu conto histórias *àqueles* meninos. E vocês?
- Crianças: *Nós contamos histórias àquelas crianças.*
- Vizinho: *Nós contamos histórias àquele vizinho.*
- Colega de trabalho: *Nós contamos histórias àquela colega de trabalho.*

2. Comunico o assunto àquele médico. E vocês?
- Enfermeira: ....
- Chefes: ....
- Jornalista: ....
- Advogados: ....
- Psicólogas: ....

3. Eles não vão oferecer ajuda àquele mecânico. E você?
- Fisioterapeutas: ....
- Assistente social: ....
- Nutriconistas: ....
- Farmacêutico: ....

4. Ela mostra as provas àquele jurista. E ele?
- Presidente: ....
- Advogada: ....
- Júri: ....
- Promotores: ....

HAVER
1. Indique em quais contextos o verbo haver é empregado com o sentido pessoal (P) ou impessoal (IMP).
1. Os bandidos haviam fugido da penitenciária. (..........)
2. Há muitas festas naquela cidadezinha. (..........)
3. Há semanas que não o vejo. (..........)
4. Há muitas praias em Florianópolis. (..........)
5. As empresas haviam anunciado falência. (..........)
6. Havíamos deixado nossos pertences aqui. (..........)
7. Não havíamos encontrado nenhuma informação. (..........)
8. Há uns dias mais complicados que outros. (..........)
9. Moravam ali havia quase dois anos. (..........)
10. Os cartões postais haviam chegado mais cedo. (..........)
11. Eles não haviam dito nada à polícia. (..........)
12. Há sempre pessoas de bom coração. (..........)
13. Há casos difíceis na profissão de médico. (..........)
14. Haverá muitas mudanças. (..........)

2. Reproduza frases de acordo com o modelo.

1. Muitas pessoas – piscina = *Há muitas pessoas na piscina.*
2. Cinco balas – bocal = ...
3. Duas camisas – cabide = ...
4. Duas televisões – quarto do hotel = ...
5. Motorista – carro do presidente = ...
6. Nada – armário = ...
7. Ninguém – casa = ...
8. Salão de cabeleireiro – rua principal = ...
9. Sete livros – estante = ...
10. Shopping center – centro da cidade = ...

3. Responda respeitando a pergunta do enunciado.

1. O que há no congelador?
(carne – frango – peixe – sorvete)
Há carne, frango, peixe e sorvete.

2. O que há dentro do baú?
(alguns sapatos velhos – alguns brinquedos dos meus filhos – um chapéu antigo)
....
....

3. O que há nesse porta-joias?
(três anéis – dois pares de brincos – dois colares – uma corrente – quatro pulseiras de ouro)
....
....

4. O que há no porta-malas do carro?
(um pneu – duas malas – uma mesa de camping – dois guarda-sóis)
....
....

5. O que há naquela casa?
(uma cozinha bem grande – dois quartos espaçosos – uma sala grande – um banheiro)
....
....

6. O que há na sua bolsa?
(algumas moedas – um celular – um molho de chaves – uma carteira – um maço de cigarros)
....
....

4. Responda às perguntas a seguir.
1. O que há na gaveta do seu escritório? (Responda utilizando os nomes de 3 objetos)
   ....
   ....

2. O que há na sua bolsa? (Responda com 4 objetos)
   ....
   ....

3. O que há dentro do armário da cozinha? (Responda com 2 objetos)
   ....
   ....

4. O que há dentro da sua mala? (Responda com 5 objetos)
   ....
   ....

ALGUNS, ALGUMAS, NENHUM, NENHUMA
1. Reproduza frases de acordo com o modelo.
1. Quando vou à praia, eu sempre levo...
   - vestidos de tecidos leves, bermudas, shorts, sungas, bermudas para entrar na água.

   Quando vou à praia, eu levo alguns vestidos de tecidos leves, algumas bermudas, alguns shorts, algumas sungas e algumas bermudas para entrar na água.

2. Quando vou à praia, eu sempre levo...
   - biquínis, roupas leves para dormir, blusas, roupas íntimas, saias de praia, roupas de frios (para possíveis mudanças de tempo), camisetas, remédios, livros, fones de ouvido, protetores solares, hidratantes, desodorantes, perfumes, maquiagens, escovas de dentes e repelentes.

   Quando vou à praia, eu sempre levo ....
   ....
   ....
   ....
   ....
   ....
   ....
   ....
   ....
   ....
   ....
   ....
   ....

3. Quando vou à piscina, eu sempre levo...
   - toalhas de banho, regatas, cangas, óculos escuros, chapéus, cremes para pentear cabelos, bonés, chinelos, sandálias, comidas leves, condicionadores, xampus e sabonetes.
   ....
   ....
   ....
   ....
   ....
   ....

4. Receita secreta...
   Quando faço um bolo de cenoura, eu ponho...
   - xícaras de óleo, cenouras médias raladas, ovos, xícaras de açúcar, colheres de sopa de fermento em pó e xícaras de chá de farinha de trigo.
   ....
   ....
   ....
   ....
   ....

5. Quando estou com dor de dente, sempre tomo...
   - anestésicos locais, analgésicos e anti-inflamatórios.
   ....
   ....
   ....

6. Quando saimos com nossos amigos, às vezes tomamos...
   - tequilas, uísques, vodcas, caipirinhas, batidas, refrigerantes, chás gelados, sangrias e mojitos.
   ....
   ....
   ....
   ....
   ....

7. Quando convido meus amigos para um aperitivo, normalmente ofereço...
   - croquetes, rissóis com diferentes recheios, pastéis de bacalhau, empadas, folhados de salsicha, queijos, canapés, batatas fritas, patês, bolinhos de arroz, pastéis de carne e pizzas.
   ....
   ....
   ....
   ....

2. Faça frases negativas.

1. Telefono a alguns amigos.
   Não telefono a nenhum amigo.
2. Há algumas pessoas à nossa espera.
   ....
3. O estudante faz algumas provas.
   ....
4. Respondemos algumas perguntas.
   ....
5. Alguns funcionários recebem esse benefício.
   ....
6. Alguns pesquisadores rejeitam essa hipótese.
   ....
7. Alguns de nossos clientes não estão satisfeitos com os serviços.
   ....
8. Ainda restam algumas vagas para seus filhos nessa escola.
   ....
9. "Há sempre alguma loucura no amor". (Nietzche)
   ....
10. Precisamos de algumas informações.
    ....

3. No avião, o que você leva na bagagem de mão? Assinale e escreva.

( ). ~~Agulhas de tricô.~~
( ). Alicates de unhas.
(X). Carregadores de celular.
( ). Depiladores ou lâminas.
( ). Hidratantes (até 100 ml).
( ). Lâminas de barbear.
( ). Revistas
( ). Sapatos de salto alto.
( ). Tesouras.
( ). Xampus (até 100 ml).

( ). Esmaltes.
( ). Desodorantes (até 100 ml).
( ). Canetas
( ). Medicamentos.
( ). Telefones celulares.
( ). Seringas e agulhas.
( ). Saca-rolhas.
( ). Óleos de banho.
( ). Cartões de crédito.
( ). Livros

Na bagagem de mão, sempre levo alguns carregadores de celular, ...
....

Na bagagem de mão, nunca levo nenhuma agulha de tricô, ...
....

COMPARATIVOS

1. A família e o tempo. Compare como era a vida em família antigamente e como é hoje.

1. Antigamente a vida das famílias era .... *simples*
   Hoje, a vida das famílias é .... *corrido*
   A vida das famílias era .... que *complicado* hoje.
2. Os meios de transportes eram .... *desenvolvido*
   Hoje, as pessoas utilizam meios de transportes .... *bom*
   Os meios de transportes atuais são .... que no passado. *eficaz*
3. As ruas eram .... *seguro*
   As ruas e avenidas de hoje costumam ser .... *limpo*
   As ruas de antigamente eram .... *povoado*
4. As pessoas eram .... *extravagante*
   O cabelo e as roupas das mulheres de hoje são .... *arrumado*
   As crianças de hoje são .... que as de antigamente. *comportado*
5. A alimentação era .... *saudável*
   Os alimentos atualmente são .... *industrializado*
   A comida de antigamente era .... que a comida de hoje. *natural*

2. Compare como as coisas são hoje e como eram no passado.

1. O nível de vida era .... antigamente .... hoje em dia. *elevado*
2. Os alimentos são .... hoje .... antigamente. *saboroso*
3. As mulheres são .... hoje .... nos anos 20. *independente*
4. Os modos de viajar são .... hoje .... no passado. *confortável*
5. Os rios são .... hoje .... no século passado. *poluído*
6. O homem é ainda .... hoje .... antigamente. *enigmático*
7. As informações circulam .... hoje .... no século passado. *rapidamente*
8. As pessoas vivem .... hoje .... antigamente. *tempo*
9. As frutas eram .... antigamente .... hoje. *delicioso*

3. Complete o texto com *tão... quanto...* ou *tanto... quanto....*

1. Maria é .... estudiosa .... Regina.
2. Meus alunos estudam .... o seus alunos.
3. Gustavo é sério .... seu irmão Paulo.
4. As meninas são .... boas em matemática .... meninos.
5. A aprovação do atual governo é .... baixa .... a do governo anterior.
6. O Pedro é .... alto .... o pai.
7. Você não é .... esperto .... pensa.
8. Os cães não são .... independentes .... os gatos.

9. Eles leem .... romances de Machado de Assis .... se acham disponíveis na biblioteca.
10. Os professores do ensino público ganham .... os professores do ensino privado.
11. Felipe compra .... roupas .... sua esposa.
12. A estátua é bela .... a pintura.
13. Esta atriz é .... bonita .... no filme.
14. Minha filha é .... alta .... eu.
15. Os brasileiros não comem .... arroz .... os chineses.
16. Às vezes, a água mineral é .... cara .... a latinha de cerveja!

4. Construa frases no comparativo de acordo com o modelo.

	Salário	Tempo de trabalho
Maria	R$ 1.800,00	38 h/semana
Clara	R$ 2.700,00	44 h/semana
Júlia	R$ 3.200,00	45 h/semana
Raquel	R$ 2.300,00	42 h/semana

A Clara ganha menos do que a Júlia, mas trabalha mais do que a Maria.

Júlia é a que ganha mais.

5. Faça frases segundo o modelo. Utilize as palavras abaixo.
CARO – CEDO – LIMPO – MAIOR – PERTO – ~~QUENTE~~ – RÁPIDO – VELHO

1. Em São Paulo, faz 38°C. No Rio, faz 35°C.
   Hoje o tempo está mais quente em São Paulo do que no Rio de Janeiro
2. Pedro chega no escritório às 8:30 e Clara às 10:00.
   ....
3. O carro corre à 150 km/h e a moto à 180km/h.
   ....
4. Gustavo tem 50 anos e Adriano tem 40 anos.
   ....
5. A pizzaria fica a aproximadamente 300 metros e o restaurante a 500 metros.
   ....

6. O CD custa R$ 45,00 e o DVD R$ 80,00.
   ....
7. Tem muito lixo nas praias de Bertioga. Em Florianópolis, as praias são bem cuidadas.
   ....
8. O Oceano Atlântico mede 106,5 millions km². O Oceano Pacífico mede 161,8 millions km².
   ....

6. Responda com *mais (que)*, *menos (que)* ou *tanto (quanto)*.
1. Marcel dorme oito horas; Maria, seis.
   Marcel dorme mais que Maria.
2. Catarina trabalha vinte horas; Alain, trinta e cinco.
   ....
3. Júlio come dois pãezinhos e um iogurte; Júlia, um iogurte.
   ....
4. Pedro ganha R$ 2.300,00 por mês. Ana também ganha 2.300,00 por mês.
   ....
5. Miguel lê um livro por semana. Suzana, quatro livros por mês.
   ....

7. Reproduza baseando-se no modelo.
1. uma boa economia = *uma economia melhor*
2. uma situação ruim = ...
3. algumas boas condições = ...
4. um carro pequeno = ...
5. uns objetos grandes = ...
6. umas salas pequenas = ...

8. Aplique o superlativo aos adjetivos de grau normal a seguir.
1. Neste mês, temos bons índices de vendas : *Neste mês, temos ótimos índices de vendas.*
2. Essas frutas são ricas em nutrientes: ....
3. Eles têm um desempenho ruim nas provas: ....
4. O teste é fácil: ....
5. Nosso chefe é cruel: ....
6. Sua irmã é extremamente magra: ....

9. Reconstitua os adjetivos em grau normal.
1. um país paupérrimo = *um país muito pobre.*
2. um marido fidelíssimo = ...
3. uma esposa dulcíssima = ...
4. um idioma facílimo = ...
5. uma ótima comida = ...
6. uma obra de arte fragílima = ...

TER DE / TER QUE

1. Indique V ou F.
(   ). *Ter de* expressa uma ideia de *obrigatoriedade*, de *necessidade* e de *dever*. Por exemplo: "Tenho de estudar para a prova amanhã" significa que "Tenho necessidade em estudar para a prova amanhã".
(   ). *Ter que* expressa uma ideia de "ter algo para", "ter coisas para". Por exemplo: "Ele tem muito que estudar" significa que "Ele tem muitas matérias para estudar".

2. Associe as colunas.
1. João não vai sair, porque tem de estudar.
2. João não vai sair, porque tem que estudar.
3. É véspera de Natal, mas tenho de trabalhar hoje.
4. É véspera de Natal e tenho muito que trabalhar hoje.
5. Eles têm de alterar a data da viagem.
6. Temos muito que trabalhar até o meio-dia.

a. João tem matéria para estudar.
b. É véspera de Natal, mas tenho muito trabalho.
c. Eles devem alterar a data da viagem.
d. Temos muito trabalho até o meio-dia.
e. João tem a obrigação de estudar.
f. É véspera de Natal, mas sou obrigado a trabalhar.

3. Transforme as frases utilizando *ter que* e *ter de*.
1. Tenho necessidade em estudar para a prova.
   Tenho de estudar para a prova.
2. Temos a obrigatoriedade em assinar esse contrato.
   ....
3. Tenho ainda muitas contas para pagar.
   ....
4. Não tens muitos documentos para enviar.
   ....
5. Você precisa falar com o diretor da empresa.
   ....
6. Precisam vender todo o estoque antes do final do ano.
   ....
7. Eles são obrigados a alistar-se no Exército.
   ....
8. Não temos muitos arquivos para organizar.
   ....
9. Os alunos têm inúmeros livros para ler durante as férias.
   ....
10. O carteiro tem muitas correspondências para distribuir.
    ....

4. Corrija as frases a seguir.
1. Os meus vizinhos têm que buscar os filhos na escola.
   Os meus vizinhos devem buscar os filhos na escola.
2. Os professores de matemática têm que verificar os cálculos das contas.
   ....
3. Tens que solucionar esse problema agora mesmo.
   ....
4. Tenho que tirar férias.
   ....
5. O governo tem que controlar os níveis elevados de inflação.
   ....
6. Os sequestradores têm que libertar os reféns.
   ....
7. A polícia tem que ser mais vigilante.
   ....
8. Temos que ser mais responsáveis.
   ....
9. As vendedoras têm que ter mais familiaridade com esse produto.
   ....
10. Os estagiários têm que adquirir mais experiências.
    ....

SUMÁRIO

Olá! Muito prazer!	7
Qual é o seu número de telefone?	11
Qual é a sua data de nascimento?	12
De onde é?	13
Você fala português?	21
Onde você está?	24
Usos do verbo estar	25
Como se diz "..." em português?	31
O restaurante, a mesa e os clientes	32
Um minuto, uma hora	34
Você tem dinheiro?	37
Qual é a sua profissão?	46
Numerais ordinais	47
Quantos anos você tem?	48
Quem? O que? Quando? Quanto? Onde? Como?	48
Fica muito longe daqui?	52
Gosta de...?	55
Onde trabalha?	57
Quantos irmãos você tem?	66
Preposições	68
Possessivos	69
Demonstrativos	72
Verbos	77
Preposições (2)	89
Advérbios	95
As horas, a duração e o calendário	96
Verbos (2)	103
Advérbios (2)	106
Verbos (3)	113
Expressões de lugar	114
Contrações e demonstrativos	115
Haver	117
Alguns, algumas, nenhum, nenhuma	119
Comparativos	122
Ter de / ter que	125